Beate Sundermann/Christoph Selter

Beurteilen und Fördern
im
Mathematikunterricht

LEHRER-BÜCHEREI
GRUNDSCHULE

Herausgeber

Gabriele Cwik war Rektorin an einer Grundschule und pädagogische Mitarbeiterin im Ministerium für Schule und Weiterbildung des Landes Nordrhein-Westfalen. Sie ist Schulrätin in der Schulaufsicht der Stadt Essen und zuständig für Grundschulen.

Dr. Klaus Metzger ist Regierungsschulrat, zuständig für alle fachlichen Fragen der Grundschule und die zweite Phase der Lehrerausbildung für Grund- und Hauptschulen im Regierungsbezirk Schwaben/Bayern.

Autoren: Beate Sundermann ist Grundschullehrerin und Fachleiterin für Mathematik in Bochum. **Christoph Selter** ist ausgebildeter Grundschullehrer und als Hochschullehrer für Mathematik-Didaktik an der Universität Dortmund tätig. Beide entwickeln und erproben seit Jahren andere Formen des Umgangs mit den Leistungen der Schülerinnen und Schüler.

Beate Sundermann/Christoph Selter

Beurteilen und Fördern im Mathematikunterricht

Gute Aufgaben

Differenzierte Arbeiten

Ermutigende Rückmeldungen

Die in diesem Werk angegebenen Internetadressen haben wir überprüft (Redaktionsschluss: Juni 2008). Dennoch können wir nicht ausschließen, dass unter einer solchen Adresse inzwischen ein ganz anderer Inhalt angeboten wird.

www.cornelsen.de

Bibliografische Information: Die Deutsche Bibliothek verzeichnet diese Publikation in der Deutschen Nationalbibliografie; detaillierte bibliografische Daten sind im Internet über http://dnb.ddb.de abrufbar.

Dieses Werk berücksichtigt die Regeln der reformierten Rechtschreibung und Zeichensetzung.

6.	5.	4.	3.	2.	Die letzten Ziffern bezeichnen
12	11	10	09	08	Zahl und Jahr der Auflage.

Redaktion: Stefan Giertzsch, Berlin
Satz und Herstellung: Carola Fuchs, Berlin
Illustrationen: Rainer J. Fischer, Berlin
Umschlagfoto: Christoph Selter, Gevelsberg
Druck und Bindearbeiten: CPI – Clausen & Bosse, Leck
Printed in Germany

ISBN 978-3-589-05077-2

Gedruckt auf säurefreiem Papier,
umweltschonend hergestellt aus chlorfrei gebleichten Faserstoffen.

Inhalt

1 Eine Kultur der Ermutigung

Seit einigen Jahren wird in Deutschland vermehrt über Bildung und Erziehung nachgedacht und diskutiert. Das liegt sicherlich nicht nur, aber wesentlich auch an der Auseinandersetzung mit der PISA-Studie. Dass hierbei dem für die gesamtgesellschaftliche Entwicklung eminent wichtigen Thema Schule erhöhte Aufmerksamkeit zukommt, ist sicherlich zu begrüßen. Wir haben allerdings manchmal den Eindruck, als würden mit dem bestenfalls mittelmäßigen Abschneiden der deutschen Mittelstufenschülerinnen und -schüler Forderungen begründet, die unterschiedlicher kaum sein könnten.

Unterstützen statt überprüfen

In der Tat wird PISA sowohl als Beleg für die Notwendigkeit der Abschaffung des gegliederten Schulwesens als auch für dessen Erhalt herangezogen. Glaubt man der einen Seite, so ist ein Schulsystem nach PISA nur weitestgehend ohne Ziffernnoten denkbar, was von der anderen Seite als ungeeignete Reaktion kategorisch abgelehnt wird. Manche Personen sehen in klar definierten und eindeutig abprüfbaren Standards die primär zu ziehende Konsequenz; andere wiederum verweisen auf die negativen Konsequenzen, die die damit verbundene Einführung zentraler Lernstandserhebungen in Ländern wie den USA oder England nach sich gezogen hat.
Es kann angesichts dieser Widersprüchlichkeiten schwer fallen, zu einer begründeten eigenen Meinung zu kommen. Um zu den Fakten vorzustoßen, kann man sich auf gründliche Analysen renommierter Wissenschaftler beziehen (vgl. BRÜGELMANN 2005).
Zudem ist es möglich, Personen aus den erfolgreichen Ländern nach aus ihrer Sicht möglichen Gründen für die besseren Ergebnisse zu fragen, wohl wissend, dass hier mehrere Faktoren zusammenwirken, also das Drehen an einem einzigen Rädchen nicht direkt zu spürbaren Resultaten führt (vgl. z. B. für Finnland die verschiedenen Beiträge auf http://www.finland.de/pisa-studie/ oder auf http://bildungplus.forum-bildung.de/). Für Finnland etwa wird als immer wiederkehrendes Merkmal angeführt, dass dieses Land nicht zuletzt deshalb vergleichsweise gut abgeschnitten habe, weil es dort eine *Kultur der Ermutigung* gebe: Schülerinnen und Schüler müssten sich

ernst genommen und wohl fühlen, um lernen und leisten zu können. In Finnlands Schulen würde aber keine ,Kuscheleckenpädagogik' betrieben; natürlich müssten die Schülerinnen und Schüler Leistung zeigen. Nur existiere aufgrund der erst vergleichsweise spät einsetzenden Notensystematik weniger Konkurrenzdruck zwischen den Kindern und bei ihnen ein größeres Interesse an den Inhalten.

In Finnland würden zudem die Leistungsanforderungen von Anfang an transparent gemacht. Die Hauptaufgabe der Lehrpersonen bestehe darin, die Kinder ausgehend von ihren individuellen Fähigkeiten dabei zu unterstützen, die angestrebten Kompetenzen zu erwerben und die Lernerfolge zu überprüfen.

Solche Leistungsfeststellungen erfolgten, um eine Grundlage für individuelle Fördermaßnahmen zu erhalten, nicht unter der primären Zielsetzung, Kinder auszulesen – so heißt der Leitspruch des finnischen Schulsystems „Kein Kind soll zurückbleiben".

In Deutschland hingegen scheint uns in der Zukunft eine noch stärkere Betonung der *Steuerungsfunktion* von Schule nicht unwahrscheinlich. Diese „zielt auf die innerschulische und die nachschulische Auslese der Schülerinnen und Schüler. Das bedeutet: Entscheidungen über Versetzungen und Nicht-Versetzungen, über Schullaufbahnen, über Abschlussniveaus treffen" (GRUNDSCHULVERBAND 2004, S. 2).

Ihr gegenüber steht die *Entwicklungsfunktion*. Sie „zielt auf die bestmögliche Förderung der Schülerinnen und Schüler. Das bedeutet: die individuellen Entwicklungsmöglichkeiten berücksichtigen, für das einzelne Kind erreichbare Ziele anstreben, zur Anstrengung ermutigen, Möglichkeiten eigenständigen Lernens stärken, dabei personale, sachbezogene und sozialbezogene Kompetenzen fördern und individuelle Fortschritte würdigen" (ebd.).

Schule kann dieses Spannungsverhältnis schlichtweg nicht beseitigen. Aber sie kann trotz dieses Dilemmas versuchen, mit den Leistungen der Kinder verantwortlich umzugehen, also durch individuelle Förderung die Lernfreude der Kinder zu erhalten und deren Leistungsfähigkeit zu entwickeln: Unterstützen statt überprüfen heißt die vorrangige Aufgabe. Die Grundschule als Motor deutscher Schulreformen muss sich in diesem Sinne weiter als *pädagogische Leistungsschule* profilieren.

Mehr als Mathearbeiten

Hierzu reicht die Orientierung an pädagogischen Leitvorstellungen allerdings nicht aus. Um in der Praxis wirksam werden zu können, müssen diese fachbezogen konkretisiert werden. Das vorliegende Buch unternimmt einen solchen Versuch für den Bereich des Beurteilens und Förderns im Mathematikunterricht der Grundschule.

Unsere Grundaussage dabei ist, dass Mathematikleistung weit mehr umfasst, als es der Mittelwert der Noten der geschriebenen Klassenarbeiten und die Bewertung der so genannten mündlichen Mitarbeit zum Ausdruck bringen kann. Diese These ist sicherlich bei vielen Lehrerinnen und Lehrern zustimmungsfähig. Aber wie kann man diese erweiterte Sichtweise im Unterricht konkret umsetzen?

Wir zeigen anhand zahlreicher Beispiele aus der Unterrichtspraxis neue Wege zu einem fördernden, individualisierenden Umgang mit den Leistungen der Kinder auf. So befassen wir uns in den folgenden Kapiteln u. a. damit, …

- wie man *Kindern gerecht werden* kann, indem man versucht, ihre individuellen Leistungen kompetenzorientiert wahrzunehmen (Kap. 2),
- wie Lehrerinnen und Lehrer *Lernstände feststellen* und so ein differenziertes Bild von Kompetenzen und Defiziten erhalten können, beispielsweise durch Standortbestimmungen oder Prüfungen (Kap. 3),
- wie *Kinder verstärkt* in die Planung, Durchführung und Auswertung des eigenen Lehr-/Lernprozesses *einbezogen werden* können, etwa mit Hilfe von Kinder-Zielen oder Lernberichten (Kap. 4),
- wie es möglich ist, vermehrt *gute Aufgaben einzusetzen:* offene Aufgaben, informative Aufgaben, prozessbezogene Aufgaben (Kap. 5),
- wie *alltägliche Leistungen dokumentiert* werden können, z. B. mit Hilfe des Mathebriefkastens oder in Forscherheften (Kap. 6),
- wie *Klassenarbeiten verändert* werden können, etwa in Form von Probearbeiten oder differenzierten Arbeiten (Kap. 7),
- wie man *ermutigende Formen der Rückmeldung* realisieren kann, zum Beispiel mit Hilfe von Rückmeldebögen oder bei der Durchführung eines Kindersprechtags (Kap. 8).

Bei aller wissenschaftlichen Solidität haben wir uns um leichte Lesbarkeit und direkte Nutzbarkeit bemüht. Daher haben wir an vielen Stellen Dokumente aus und für den Unterricht aufgenommen. Anregungen zum Einsatz dieses Buches in der Fort- und Weiterbildung finden sich zudem im Mathematik-Modul 9 des SINUS-Projekts (SUNDERMANN/SELTER 2005a).

Viele Kolleginnen und Kollegen haben uns bei der Fertigstellung dieses Buches durch Schülerdokumente und Unterrichtsversuche, durch Anregungen und hilfreiche Rückmeldungen unterstützt. Besonders herzlich danken wir Kathrin Hock, Birthe Kalhöfer, Insa Mayer, Sonja Romahn, Michaela Rosin, Kathrin Thöne und Anne Westermann sowie allen beteiligten Schülerinnen und Schülern.

Gevelsberg, im August 2005   *Beate Sundermann, Christoph Selter*

2 Den Kindern gerecht werden

Eine ganz normale zweite Klasse, ein ganz normaler Dienstag. Die Schülerinnen und Schüler rechnen einige Zahlenmauern aus, unter anderem solche, bei denen die Zahlen in der unteren Reihe aufeinander folgen. Einmal sind sie in aufsteigender und einmal in absteigender Folge notiert worden. Nina rechnet konzentriert und benötigt nicht mehr als 30 Sekunden, um die fehlenden Zahlen in die oberen Stockwerke zu schreiben. Trotz ihrer hohen Rechengeschwindigkeit begeht sie keinen Fehler.

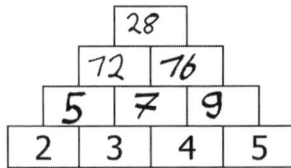 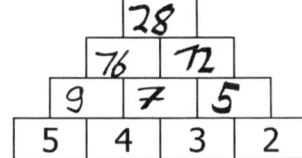

Von der Lehrerin befragt, ob ihr etwas auffalle, sagt sie, beide Mauern hätten mit der 28 denselben Zielstein, und auch sonst seien die Zahlen dieselben. Allerdings seien sie einmal vorwärts und einmal rückwärts aufgeschrieben worden. Das führe dazu, dass die 5 in der zweiten Zeile einmal links und einmal rechts stehe, weil 2 und 3 in der linken Mauer links und in der rechten – umgedreht als 3 und 2 – rechts notiert worden seien. Im Weiteren benennt sie noch eine ganze Reihe weiterer Auffälligkeiten und kann auch direkt angeben, wie man die vier Zahlen anordnen muss, um einen möglichst großen bzw. kleinen Zielstein zu erzeugen.

Als ihr Mitschüler Sven die beiden Mauern sieht, sagt er zunächst, dass beide aus denselben Zahlen bestünden, allerdings bei der rechten Mauer ‚umgedreht' aufgeschrieben worden seien. Für das Ausrechnen der linken Zahlenmauer benötigt er fast acht Minuten. Während er die zweite Zeile (5, 7, 9) noch vergleichsweise schnell ermittelt, stockt er lange bei der dritten, in der 5 und 7 bzw. 7 und 9 zu addieren sind. Nach einiger Zeit zeichnet er zunächst fünf, dann sieben Punkte auf ein Blatt Papier, bevor er deren Gesamtzahl einzeln abzählt.

Er trägt die 12 in die entsprechende Zelle ein, streicht die fünf Punkte durch und zeichnet neun neue Punkte rechts neben die sieben. Erneut zählt er jeden Punkt einzeln ab und notiert die 16 als Ergebnis der Aufgabe 7 + 9.

Bei der Addition der 12 und der 16 überlegt er eine Weile, sagt dann, dass er ja 2 plus 6 rechnen könne, das ergebe 8. Also sei die Dachzahl 18. Nachdem er diese eingetragen hat, überlegt er noch eine Weile intensiv und ändert sie schließlich in 28 ab.

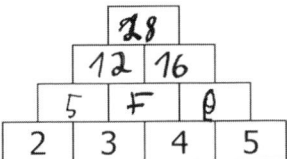 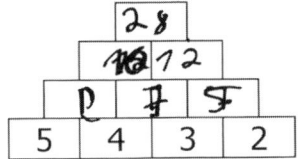

Bevor er die zweite Mauer ausrechnet, sagt er erneut, dass dieselben Zahlen verwendet worden seien, allerdings ‚umgekehrt'. Auf die Rückfrage, ob ihm das beim Ausfüllen nütze, lächelt er unsicher, und beginnt dann, angestrengt die rechte Mauer zu berechnen, was fünf Minuten dauert. Auch hier kommt er nach einigen Schwierigkeiten zu den korrekten, wenngleich erneut z. T. spiegelverkehrt notierten Ergebniszahlen.

Beide – Nina und Sven – leisten viel, jedoch auf unterschiedliche Weise und auf unterschiedlichem Niveau. Doch beide sollen im Unterricht angemessen gefördert werden. Im Folgenden wollen wir daher in diesem Sinne Anregungen geben, wie man Kindern individuell gerecht werden und ihre Leistungsfähigkeit fördern kann.

Denn wir sind der Überzeugung, dass es im Mathematikunterricht – bei allen guten und erfolgreichen Ansätzen – noch nicht in erforderlichem Maße gelingt, die Lernfreude und Leistungsbereitschaft der Kinder zu kultivieren. Das liegt nicht an der vermeintlichen Vorherrschaft von „Kuscheleckenpädagogen" in der Grundschule, sondern daran, dass konkrete Anregungen dafür, wie Leistungen im Mathematikunterricht gefördert, festgestellt und beurteilt werden können, bislang nur vereinzelt existieren.

In diese Lücke wollen wir mit dem vorliegenden Buch stoßen. Bevor wir in den folgenden Kapiteln unterrichtspraktische Erfahrungen und Ideen darstellen, soll an fünf Leitideen zum Umgang mit den Leistungen der Kinder erinnert werden, die wir an anderer Stelle formuliert und durch Beispiele aus dem Unterricht illustriert haben (vgl. SUNDERMANN/SELTER 2003):

- kompetenzorientiert beobachten,
- zieltransparent herausfordern,
- differenziert feststellen,
- angemessen beurteilen,
- lernförderlich rückmelden.

Diese Leitideen durchziehen auch dieses Buch. Aufgrund ihrer zentralen Bedeutung gehen wir im Folgenden etwas ausführlicher auf die erste Leitidee ein.

2.1 Leistungen wahrnehmen

Lernen besteht bekanntlich zu einem großen Teil aus dem Stiften von Beziehungen. Man überträgt Regeln von einem Gebiet auf ein anderes. Meistens funktioniert das. Leider gibt es aber auch Ausnahmen und Inkonsequenzen, die das Lernen erschweren.

Neunzig, zehnzig, elfzig

Die deutsche Zahlwortbildung kann hier als aufschlussreiches Beispiel dienen. Im Zahlenraum bis 100 spricht man bekanntlich zunächst die Einer und dann die Zehner (acht-und-dreißig). Jenseits der 100 wird das Prinzip ‚von klein nach groß' dann nicht mehr eingehalten (einhundert-acht-und-dreißig). Natürlich wäre es konsequenter, wenn unsere Zahlwörter immer ‚von groß nach klein' (einhundert-dreißig-und-acht) oder stets ‚von klein nach groß' (acht-und-dreißig-hundert) gebildet würden.

Aber so hat sich unsere Sprache nicht entwickelt. Daher ergeben sich immer wieder kleinere Stolpersteine. Fast jedes Kind produziert beispielsweise irgendwann einmal die Zahlwortreihe ‚achtundneunzig, neunundneunzig, hundert, einhundert, zweihundert'. In den meisten Fällen sind aber nicht 100 und 200, sondern 101 und 102 gemeint.

Die Kinder sagen ‚einhundert' bzw. ‚zweihundert', weil sie die Regel ‚erst die Einer sprechen' aus ihrer Sicht konsequent auf einen Bereich übertragen, in dem sie allerdings nicht gilt. Haben sie dann zu einem späteren Zeitpunkt für größere Zahlen die Regel ‚von groß nach klein' kennen gelernt, passiert bisweilen sogar das ‚Umgekehrte': Sie sprechen von einhundert-acht-und-sechzig, wenn sie 186 meinen.

Unsere Zahlwortbildung hält noch eine Reihe weiterer Unregelmäßigkeiten bereit. So sagen manche Kinder nullzehn zur 10 oder einszehn zur 11, da es ja auch vierzehn oder fünfzehn gibt. Warum heißt die 20 eigentlich nicht zweizehn? Wenn es dreißig und vierzig gibt, warum soll dann die 20 nicht zweizig heißen, die 100 zehnzig oder die 110 elfzig? Wieso sagt man zur 125 nicht fünfundzwanzig-hundert? Alle diese und weitere hier nicht genannten Sprachschöpfungen kann man aus der Erwachsenensicht als fehlerhafte Zahlwortbildungen verstehen.

Diese Grundeinstellung, das Denken und Lernen der Kinder vorwiegend *defizitorientiert* wahrzunehmen und zu interpretieren, ist bedauerlicherweise weiter verbreitet, als es für alle Beteiligten gut wäre. Dabei orientiert man sich hauptsächlich an der Norm. Abweichungen davon bewertet man dann als Fehler, die es gilt, schnellstmöglich zu korrigieren oder im Vorfeld zu verhindern.

Werden so – wenn auch in guter Absicht – nur die Defizite gesehen und benannt, verändert das schnell die Selbst- und auch die Fremdwahrnehmung des Kindes in ungünstiger Weise. Den Kindern wird wenig zugetraut, sie trauen sich selbst wenig zu, sie leisten weniger, als sie könnten. Die Konsequenz daraus ist, dass ihnen noch weniger zugetraut wird – ein Teufelskreis.

Man kann die Äußerungen von Kindern aber immer auch aus *kompetenzorientierter* Perspektive als Ergebnisse prinzipiell vernünftigen Denkens ansehen und sich in diesem Sinne fragen: Was könnten sie sich gedacht haben? Was sind die Hintergründe eines aus unserer Sicht falschen Vorgehens? Was können sie schon alles? Wie kann man sie dazu anregen, ihr augenblickliches Denken und Wissen weiterzuentwickeln?

Mit den Augen der Kinder

Den Kindern in Mathematik mehr zuzutrauen ist Voraussetzung wie Ergebnis dieses Bemühens, deren Perspektive einzunehmen und mit ihren Augen zu schauen (SPIEGEL/SELTER 2003).

Das bedeutet natürlich nicht, dass man den Schülerinnen und Schülern nicht auch Dinge erklären („Die nächste Zahl könnte sicherlich ‚einhundert‘ lauten, aber man hat sich darauf geeinigt, sie ‚hunderteins‘ zu nennen!") oder sie nicht zum Überwinden von ‚fehlerhaften‘ Vorstellungen oder Verfahren anregen sollte.

Der kompetenzorientierte Blick zieht weder kontinuierliche Beschönigungen noch den völligen Verzicht auf die Einnahme der defizitorientierten Perspektive nach sich. Für Erwachsene ist es zwar nicht immer einfach, das Denken und Lernen der Kinder zu ergründen. Trotzdem sollten sie u. E. prinzipiell getreu der Devise „Erst verstehen, dann verstanden werden" handeln (WIELPÜTZ 1998).

Und wenn es beim Lernen Probleme gibt, kann der kompetenzorientierte Blick helfen, die defizitorientierte Sichtweise zu relativieren. Denn häufig machen Kinder vieles richtig, auf das man aufbauen und sie dann zielgerichtet fördern kann. Und Könnenserfahrungen sind für erfolgreiches Lernen unverzichtbar. Das haben wir in SUNDERMANN/SELTER (2003) als Leitidee wie folgt formuliert:

Kompetenzorientiert wahrnehmen

Lehrerinnen und Lehrer richten ihre Beobachtungen sensibel darauf, was das einzelne Kind kann und welche Aufgabenstellungen oder Lösungswege es wählt – selbst dann, wenn seine Äußerungen oder Handlungen auf den ersten Blick unverständlich oder unzusammenhängend erscheinen. Fehler und Schwierigkeiten können erfolgreich überwunden werden, wenn ihre Ursachen aus solcher kompetenzorientierter Perspektive erkannt werden und eine gezielte Förderung erfolgt.

Um den Unterschied von defizit- und kompetenzorientierter Perspektive an einem Beispiel zu verdeutlichen, diskutieren wir Mircos Lösung zu der Aufgabe „Färbe die Hälfte jeder Figur grau!" (http://www.schule-bw.de/unterricht/schulentwicklung/vergleichsarbeiten/2003/gs_mathe2_s1.pdf).

Sieht man seine Lösung, kommt man zunächst zu dem Schluss, dass er weder bei der einen noch bei der anderen Figur die Hälfte der Gesamtzahl der kleinen Quadrate gefärbt hat, also beide Aufgaben von ihm komplett falsch gelöst wurden.

Färbe die Hälfte jeder Figur grau!

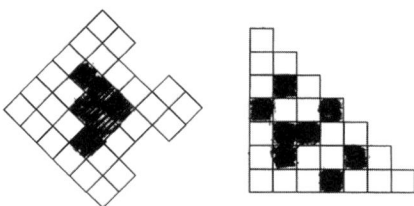

Glücklicherweise konnte Mirco zu seiner Lösung befragt werden, denn die Lehrperson konnte sich nicht vorstellen, dass Mirco sich bei seinem Vorgehen nichts aus seiner Sicht Vernünftiges gedacht hatte. Dabei wurde deutlich, dass er den Aufgabentext anders verstanden hatte, als er gemeint war: „Färbe das Quadrat, das sich dort befindet, wo jeweils die Hälfte ist!" Er malte also stets das mittlere einer *ungeraden* Zahl von nebeneinander liegenden Quadraten aus, was nachstehend anhand der ersten Figur deutlich werden kann. War die Zahl der nebeneinander liegenden Felder gerade, färbte Mirco nicht, da es ‚keine Mitte' gab. Er durchmusterte systematisch alle Fälle und drehte hierzu das Bild mehrfach. Somit gelangte er zu seiner Lösung.

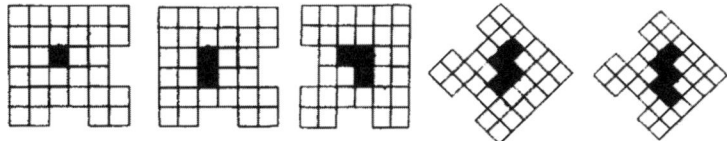

Zunächst färbte er das mittlere Quadrat in der dritten, dann das in der vierten Zeile. Dann drehte er das Blatt um 90 Grad nach links und markierte das mittlere Feld in der ‚neuen' vierten Zeile. Dann stellte er die Figur auf die Spitze und betrachtete Quadrate, die nicht Seite an Seite, sondern Spitze an Spitze lagen. Hier fand er noch drei weitere mittlere Felder.

Er zeigte also eine weit höhere geometrische Kompetenz, als es die Aufgabe erfordert hätte und als es die defizitorientierten Sichtweise zunächst vermuten ließ. Verstehen Sie nun, wie er bei der zweiten Figur vorging?

Kinder denken anders

Macht man sich die kompetenzorientierte Perspektive zu Eigen, so versteht man nach und nach, dass Überlegungen von Kindern oft vernünftiger, organisierter und intelligenter sind, als es auf den ersten Blick den Anschein hat. In SELTER/SPIEGEL (1997) und in SPIEGEL/SELTER (2003) wurde an vielen Beispielen dokumentiert, dass Kinder bisweilen anders denken, ...

- ... als Erwachsene denken,
- ... als Erwachsene es vermuten,
- ... als Erwachsene es wollen,
- ... als andere Kinder,
- ... als sie selbst.

Da der dritte und der fünfte Punkt vermutlich am wenigsten aus sich selbst heraus sprechen, sollen sie kurz erläutert werden, während wir bezüglich der anderen Aspekte auf die o. a. Bücher verweisen.

Zum dritten Punkt: Kinder denken bisweilen anders, als Erwachsene es möchten, als sie es für Kinder als gut empfinden oder gar von ihnen verlangen. So berechnete die Erstklässlerin Alina einmal die Aufgabe $6 + 7$. Sie nannte ihr Ergebnis 13 und wurde gefragt, wie sie vorgegangen sei. Die Lehrerin hatte in den Stunden zuvor das so genannte Teilschrittverfahren ($6 + 4 = 10$; $10 + 3 = 13$) behandelt und wollte, dass die Schülerinnen und Schüler diese Vorgehensweise als Standardmethode verwendeten. Alina hingegen erklärte ihren Rechenweg wie folgt ...

6 und 6 ist 12, noch 1 dazu ist 13.
Ja, stimmt. Aber so rechnen wir das nicht. Wir rechnen doch immer zuerst
bis zur 10. Wie viel musst du dann zur 6 dazutun?
4.
Prima, und wie viel musst du dann zur 10 noch dazutun?
3.
Und warum 3?
Weil doch 13 als Ergebnis rauskommt.

Zwar ist unbestritten, dass das von der Lehrerin favorisierte Teilschrittverfahren bei der Addition *größerer* Zahlen eine wichtige Methode darstellt.
Es allerdings bereits im Zahlenraum bis 20 zum Normalverfahren machen
zu wollen, kann zu Konflikten mit den Rechenwegen derjenigen Kinder führen, die andere Rechenwege gehen.

Zum fünften Punkt: Kinder denken bisweilen in verschiedenen Situationen unterschiedlich, durchaus auch in kurzem zeitlichem Abstand. So wurde Malte die Aufgabe 701 – 698 gestellt.

Wie viel ist 701 – 698?
8 minus 1 gleich 7, 9 minus 0 gleich 9, 7 minus 6 gleich 1. 197!
Kannst du es auch anders rechnen?
Ja.
Wie denn?
Von 698 bis 700 sind es 2, und von 701 bis 700 ist es 1, also sind's 3.
Mhm. Dieselbe Aufgabe, aber zwei verschiedene Ergebnisse?
Mhm, weiß auch nicht.
Kann denn beides richtig sein?

Einige Kinder sehen darin keinen Widerspruch. Einmal haben sie es halt so
gerechnet und einmal anders. Malte hingegen antwortet ...

Nee.
Was denkst du denn, was stimmt?
Das da! (zeigt auf die schriftliche Lösung mit dem Ergebnis 197)
Warum glaubst du, dass das stimmt und das andere nicht?
*Ja, weil das hier (zeigt auf das schriftlich Gerechnete) habe ich richtig
ausgerechnet, und das andere habe ich mir nur so hopp-di-hopp im Kopf
überlegt.*

Die beiden Rechenwege mit den unterschiedlichen Ergebnissen werden
von Malte also sehr wohl differenziert. Ihm ist klar, dass er sich irgendwie
verrechnet haben muss. Da er sich für eine der beiden Lösungen entscheiden muss, macht er etwas für den Mathematikunterricht keineswegs Unüb-
liches: Er vertraut dem Algorithmus mehr als dem gesunden Menschenver-
stand.

Wir finden hier ein typisches Beispiel dafür, dass man nie ein vollständig authentisches Abbild von den Denkweisen eines Kindes erhalten kann. Leistungen sind immer Leistungen im Rahmen bestimmter Kontexte.

2.2 Leistungen rückmelden

Bevor wir im folgenden Kapitel konkrete Vorschläge für den Unterricht machen, wollen wir noch auf einen weiteren grundsätzlichen Punkt kurz eingehen. Im Zusammenhang mit der zentralen Frage, wie man mit den Leistungen der Kinder umgeht, insbesondere wie man deren Qualität rückmelden sollte, hält sich ein Vorurteil hartnäckig in der Diskussion. *Eine Schule ohne Noten ist eine Schule ohne Leistung,* wird behauptet. Eigentlich gemeint ist: *Eine Schule mit Noten ist eine Schule mit Leistung.* Beides ist – insbesondere in der Absolutheit – falsch.

So hat die PISA-Studie unter anderem aufgezeigt, dass es die oft angenommenen behaupteten Wechselwirkungen zwischen dem Leistungsniveau und der notenzentrierten Rückmeldungspraxis nicht gibt. So erzielten Länder wie Schweden überdurchschnittliche Ergebnisse, „obwohl" sie bis zur Klasse 8 auf Noten verzichten, während in Deutschland, wo es bereits seit der Grundschule Ziffernnoten gibt, keinesfalls zufrieden stellende Ergebnisse erreicht wurden.

Wir gehen an dieser Stelle nicht weiter auf die grundsätzliche Problematik ein, die mit der Notensystematik verbunden ist, sondern verweisen etwa auf BAMBACH (1994), BARTNITZKY (1996) oder BARTNITZKY/CHRISTIANI (1994) und geben hierzu im Folgenden exemplarisch eine Passage aus BARTNITZKY (1996a) wieder.

Noten schließen individuelle Bewertungen aus, sie beziehen sich auf Anforderungen an alle und auf den Leistungsvergleich in der Lerngruppe und formulieren dies mit einer inhaltlich leeren Formel. Dadurch verhindern sie das konstruktive Bewusstsein der eigenen Lernbiographie.

- Sie ziehen das Interesse von der Sache ab und richten es auf ein Belohnungs- und Bestrafungssystem in sechs Stufen. Dadurch verhindern sie den Aufbau von sachbezogenem Interesse.
- Sie belohnen und verstärken die ohnehin schon leistungsfähigeren Kinder, sie demotivieren die leistungsschwächeren, die sich immer wieder an der unteren Leistungsskala finden. Sie entwickeln deren Leistungsmöglichkeiten nicht und tragen zu negativen Selbstkonzepten bei.
- Sie schaffen in der Klasse eine Rangfolge und fördern rivalisierendes Lernen. Dadurch verhindern sie die Entwicklung von kooperativer Sozialkompetenz.

- Sie richten die Aufmerksamkeit auf die Lernprodukte, ohne ihr Zustande-
  kommen, also die tatsächliche Leistung des Kindes zu würdigen: Dadurch
  desinformieren sie.

  Natürlich können all diese antipädagogischen Effekte auch durch Rückmeldungen anderer Art erzeugt werden. Verachtung einer Lehrerin kann schmerzlicher
  und für die Entwicklung des Kindes verheerender sein als ein Mangelhaft. Taten
  wie Worte können Kinder herabsetzen, sie in Konkurrenzen bringen, Lernpro-
  bleme beschönigen und Kinder an unkindgemäßen Normen messen. Missmu-
  tige Lehrerinnen und Lehrer, Schuljobber, die nur Buchseiten oder Arbeitsblätter abarbeiten lassen, sind in ihren Rückmeldungen eher destruktiv, vorurteils-
  gebunden, oberflächlich. Da hilft dann auch der Verzicht auf Noten nicht. Was
  sonst alles hinter der Note steckte, kann nun in Worte gekleidet lesbar werden.

  Doch Lehrerinnen und Lehrer, die Kindern Lust am Lernen vermitteln, ihre
  Selbständigkeit fördern und alle Differenzierung in die Gemeinsamkeit des Lernens einbinden, sind vor solchen Fehlentwicklungen gefeit. Sie drücken ihre för-
  derliche Einstellung im täglichen Umgang mit den Kindern aus.

Da in deutschen Grundschulen Noten zu erteilen sind, muss man mit ihnen
auf eine pädagogisch reflektierte Weise umgehen. Dazu gehört vor allem
auch, dass sie in einer freundlichen und lernförderlichen Atmosphäre gegeben werden (Schule als Lebens- und Erfahrungsraum), dass sie für die
Kinder nachvollziehbar sind und nicht zum zentralen Instrument der Rückmeldung werden. Wichtiger erscheint uns die kontinuierliche, von Kompe-
tenzorientierung getragene, individuelle, informative, nicht beschönigende
Rückmeldung (vgl. Kap. 8). Das erscheint uns insbesondere vor dem Hintergrund als unverzichtbar, dass sich objektive Notengebung als Fiktion erwiesen hat.

Objektivität als Fiktion

Bereits 1970 wurde in der Studie „Die Fragwürdigkeit der Zensurengebung" (INGENKAMP 1995) auf der Grundlage empirischer Forschung eine Reihe von Fehlerquellen bei der Notengebung – auch in einem vermeintlich
doch so eindeutigen Fach wie Mathematik – beschrieben, wie etwa:

- die Unterschiede zwischen den Urteilen verschiedener Lehrpersonen, denen dieselben Schülerarbeiten vorgelegt wurden (vgl. aktuell BIRKEL 2005),
- aber auch vergleichbare Schwankungen in den Einschätzungen ein und
  derselben Person,
- die Wirkungen des klasseninternen, also von der Lerngruppe wie vom
  Lehrenden abhängigen Bezugssystems,

- den relativ geringen prognostischen Wert von Zensuren und Zeugnissen,
- deren vergleichsweise geringe Aussagekraft für Lernende und Dritte.

Insgesamt wurde also schon vor mehr als 30 Jahren deutlich, dass es ein objektives, also vom Beurteiler unabhängiges Urteil zumindest in pädagogischen Zusammenhängen nicht gibt und dass man nicht von einer Vergleichbarkeit von Noten sprechen kann. Das hat erhebliche Konsequenzen für die häufig an Zensuren festgemachte Auslesefunktion von Schule (vgl. ZIELINSKI 1978 oder BOS u. a. 2004, S. 191 ff.).

Die Erkenntnis der Nicht-Objektivität von Ziffernnoten entlastet und unterstützt Bestrebungen, auch in Mathematik eine stärker subjektorientierte Sichtweise auf die Leistungen der Schülerinnen und Schüler einzunehmen. Dabei erweist sich ...

Individualisierung als Notwendigkeit

Für Kinder gibt es oft eine Identität von Schul- und ‚Lebens'leistung: Dauerhaft schlechte Leistungen in der Schule führen zu einem geschwächten Selbstbild, das nicht selten durch das Elternhaus verstärkt wird. In der Schule werden wesentliche Weichen für das Lern- und Leistungsverhalten, für die Selbsteinschätzung und Initiative, für die Entwicklung der sozialen Kompetenzen sowie der Kooperations- und Kommunikationsfähigkeit, für den Ausbau der Selbstkompetenz im Hinblick auf Selbstbestimmung und für verantwortliches Handeln gestellt.

Daher sollten Schulen Verschiedenheit akzeptieren und sich um humane Anerkennung der qualitativen, quantitativen und temporären Unterschiede im Lernen bemühen. Allen Kindern, auch den schulschwachen, sollte die Erfahrung des Leistenkönnens und das Erkennen des Zusammenhangs von Anstrengung und Erfolg ermöglicht werden. Dieses pädagogische Leistungskonzept wird ‚ermutigende Erziehung' genannt.

An welchen Maßstäben sollen nun im Rahmen dieses Konzepts die Leistungen der Kinder beurteilt werden? In der pädagogisch-psychologischen Diagnostik werden bekanntlich drei Bewertungsnormen unterschieden.

- Die *individuelle* oder *personenbezogene* Bewertungsnorm: Hier werden die erbrachten Leistungen eines Kindes mit seinem früheren Leistungsstand verglichen, die Leistung wird am persönlichen Lernfortschritt gemessen. Der Verzicht auf normierte Leistungsanforderungen beabsichtigt die Förderung jedes Kindes, ohne dass es sich an den Leistungen anderer messen muss.
- Die *anforderungsbezogene* oder *zielbezogene* Bewertungsnorm: Hier werden die Leistungen des Kindes an gesetzten Anforderungen gemes-

sen. Diese Bewertungsnorm ist gerechtfertigt, wenn die Anforderungen so gesetzt werden, dass alle Kinder diese Ziele mit der notwendigen Förderung erreichen können.

- Die *vergleichsorientierte* oder *sozialbezogene* Bewertungsnorm: Hier liegt der Bezug in der Leistungsbreite einer Lerngruppe. Alle Leistungen werden miteinander verglichen und in eine Rangfolge gebracht.
  Der Leistungsstand eines Kindes wird damit abhängig von der zufälligen Zugehörigkeit zu einer Lerngruppe (Klasse, Schule).

In der Grundschule sollte zunächst primär die *individuelle* Bezugsnorm gelten, ohne dass dabei der Anforderungsbezug aus dem Blick gerät. Im Laufe der folgenden Schuljahre, wenn ein gemeinsamer Bestand an Wissen, Fertigkeiten und Fähigkeiten bei allen Schülern erreicht wurde, tritt aufgrund der Auslesefunktion von Schule zur individuellen die *anforderungsbezogene* Bewertungsnorm mehr und mehr hinzu. Erstere sollte durch letztere aber nicht vollkommen ersetzt werden!

Faktisch spielt immer auch die *vergleichsorientierte* Norm eine Rolle – und sei es unbewusst –, denn als gut bewertete Leistungen in einem sozial schwachen Gebiet werden in einer Einfamilienhaus-Wohngegend vermutlich anders eingeschätzt werden.

Wenn eine Schule sich in diesem Sinne dem Konzept der ermutigenden Erziehung verpflichtet fühlt und Kinder individuell fördern will, so bedeutet das, dass Klassenarbeiten und Ziffernnoten den Umgang mit den Leistungen der Kinder nicht länger dominieren können. Es gilt u. E., den Blick zu weiten. Hierzu stellen wir in den Kapiteln 3 bis 8 eine ganze Reihe erprobter Beispiele vor.

3 Lernstände feststellen

Da Kinder anders denken, als wir es vermuten, und auch anders als ande-re Kinder (vgl. Kap. 2.1), sollte die systematische Feststellung individueller Lernstände ein wichtiger Baustein für einen veränderten Umgang mit de-ren Leistungen sein.

Hierzu gehen wir in diesem Kapitel zunächst auf die so genannten *Stand-ortbestimmungen* ein (vgl. SELTER/SPIEGEL 1997; HENGARTNER 1999). Diese dienen der *fokussierten Ermittlung individueller Lernstände* und finden an zentralen Punkten im Lehr-/Lernprozess statt – meistens zu Beginn oder zum Abschluss einer längeren Auseinandersetzung mit einem Rahmenthe-ma, z. B. der Orientierung im Zahlenraum bis 100 oder der Multiplikation großer Zahlen. Aber auch ‚auf halbem Wege‘ kann eine Zwischen-Stand-ortbestimmung sinnvoll sein.

Standortbestimmungen geben *erstens* den Lehrpersonen strukturierte Informationen über Kompetenzen und Defizite einzelner Kinder. Indem die individuellen Lernstände genauer beobachtet und besser verstanden wer-den, wird es leichter, die Planung des nachfolgenden Unterrichts daran zu orientieren und die Grundlage für eine individuelle Förderung zu schaffen. Standortbestimmungen tragen *zweitens* dazu bei, dass die Kinder in zu-nehmendem Maße Transparenz über ihr eigenes Lernen erhalten können (Was kann ich schon? Was muss ich noch lernen? Was habe ich gelernt?).

Diese Doppelfunktion sollte den Kindern vorab verdeutlicht werden, etwa so: „Wir beide können erfahren, was du alles schon kannst und wo du noch Schwierigkeiten hast. Außerdem kannst du erfahren, was du noch lernen musst und was du schon gelernt hast. Und wir können gemeinsam überle-gen, was wir machen können, damit du bald keine Schwierigkeiten mehr hast", oder positiver formuliert „..., damit du bald ein Experte dafür bist." Begrifflich kann man zwischen schriftlichen und mündlichen Standortbe-stimmungen unterscheiden. Unter *schriftlichen* Standortbestimmungen verstehen wir solche, in denen die Aufgabenbearbeitungen schriftlich er-folgen und keine Gespräche mit den Kindern über ihr Denken stattfinden, man also bei der Analyse der Lösungen allein auf die schriftlichen Doku-mente angewiesen ist.

Bei *mündlichen* Standortbestimmungen werden die Kinder bei der Bear-beitung der Aufgaben beobachtet und können dazu befragt werden. Die

Auseinandersetzung mit der Aufgabe kann schriftlich, mündlich oder mit Hilfe von Material – etwa in der Geometrie – erfolgen. Mündliche Standortbestimmungen sind aufwändiger, aber in der Regel aufschlussreicher als schriftliche, da man nicht nur explizit nach Lösungswegen fragen, sondern auch gemeinsam mit dem Kind an der Aufklärung der ggf. nicht auf Anhieb verständlichen Antworten arbeiten kann. Sie können vor allem bei den so genannten rechenschwachen Kindern hilfreich sein.

Denkbar, aber nicht immer leistbar, ist eine Kombination dieser beiden Möglichkeiten. Zunächst bearbeiten die Kinder eine schriftliche Standortbestimmung. Dann werden sie oder einige von ihnen im Nachhinein zu ausgewählten Antworten bzw. Lösungswegen befragt.

Wie viel Zeit man für eine Standortbestimmung veranschlagt, ist natürlich altersabhängig. Schriftliche Standortbestimmungen können durchaus 30 Minuten dauern, wobei dieser Zeitrahmen bei Erstklässlern z. T. sinnvollerweise genauso deutlich unterschritten werden kann, wie im 4. Schuljahr eine Verlängerung denkbar ist. Selbstverständlich ist es auch möglich, mündliche Standortbestimmungen von vergleichbarer Länge durchzuführen. Inwieweit dieses im Unterrichtsalltag jedoch für die Gesamtheit der Kinder organisatorisch machbar ist, muss im Einzelfall entschieden werden.

Da Kinder unterschiedlich sind und zudem keine wissenschaftliche Untersuchung durchgeführt werden soll, plädieren wir ohnehin für eine flexible Handhabung bezüglich der Zeitdauer und des Zeitpunkts. Warum sollen Kinder nicht beispielsweise eine Woche Zeit haben, um in offeneren Unterrichtsphasen ein Blatt zur schriftlichen Standortbestimmung auszufüllen?

Wichtig bei Standortbestimmungen ist es, sich im Vorfeld systematische Überlegungen zu deren Aufbau zu machen oder auf eine gut durchdachte Vorlage zurückzugreifen bzw. sich daran zu orientieren (vgl. SELTER/SPIEGEL 1997; HENGARTNER 1999). Bei der Zusammenstellung der Aufgaben sollten folgende Punkte beachtet werden:

a) Welche Teilfähigkeiten werden erhoben? Bei einer mündlichen Standortbestimmung von Schulanfängern wäre hier beispielsweise zu denken an das Aufsagen der Zahlwortreihe, das Erkennen von Zahlsymbolen, die Bestimmung der Anzahl von vorgelegten Gegenständen oder das Lösen von einfachen Plus- oder Minusaufgaben.

b) In welcher Reihenfolge geschieht dieses? Meistens empfiehlt sich eine Progression vom ‚Leichten' zum ‚Schwierigen', manchmal kann es aber sinnvoll sein, schwierige mit leichteren Aufgaben zu mischen. In einem Interview mit Schulanfängern sollte u. E. Ersteres der Fall sein. Hier bietet beispielsweise das Aufsagen der Zahlwortreihe einen natürlichen Einstieg, und die einfachen Plus- oder Minusaufgaben scheinen eher für den Schluss geeignet zu sein. Aber manchmal macht es auch Sinn, die vermeintlich schwierigsten Anforderungen eher für den Mittelteil vorzusehen, wo das Auftreten von Konzentrationsschwächen möglicherweise weniger wahrscheinlich ist als am Ende.

c) Welche Aufgaben werden gestellt? Auch hier sind vorab wichtige Entscheidungen zu treffen, wie zum Beispiel: Soll Material verwendet werden? Werden Text- oder Zahlenaufgaben verwendet? Wenn Textaufgaben: Soll der Kontext variiert werden oder gleich bleiben? Welcher für die Kinder verständliche Kontext wird verwendet? Bei Standortbestimmungen mit Vorschulkindern oder Schulanfängern hat sich für die Addition oder Subtraktion z. B. der Bus-Kontext bewährt: „In einem Bus sitzen fünf Leute, drei Leute steigen hinzu (aus)."

d) Welche Zahlenwerte werden verwendet? Um die Bandbreite der Schülerkompetenzen erheben zu können, ist auch eine durchdachte Variation der Zahlenwerte sinnvoll. Um zu Schulbeginn die Kompetenzen im Bereich der Addition feststellen zu können, ist beispielsweise folgende Zusammenstellung denkbar: $3 + 2$ (beide Summanden kleiner als 5), $4 + 6$ (einer der beiden Summanden kleiner, der andere größer als 5), $8 + 4$ (Rechnen mit Zehnerüberschreitung), $12 + 5$ (Rechnen im zweiten Zehner), $20 + 40$ (Addition glatter Zehner), $27 + 6$ (Addition mit Überschreitung jenseits des Zwanzigerraums).

Auch könnte man die Kinder bitten, die schwierigste Aufgabe zu benennen oder gar aufzuschreiben, die sie schon ausrechnen können. Selbstverständlich könnten weitere Aufgaben gestellt werden, die eine noch genauere Analyse ermöglichen würden. Im Rahmen einer schulischen Standortbestimmung ist dazu aber vermutlich wenig Zeit.

Nochmals: Standortbestimmungen sind keine Tests, die primär erfolgen, um Beurteilungsgrundlagen für Ziffernnoten zu erhalten. Die primären Zielsetzungen ihres Einsatzes bestehen erstens darin, sich über die mathematischen Kompetenzen der eigenen Schülerinnen und Schüler *vor, während* oder (und) *nach* der Behandlung eines bestimmten Rahmenthemas zu informieren, um auf dieser Grundlage unterrichtliche Fördermaßnahmen planen zu können. Zweitens geht es darum, den Kindern mehr Transparenz über die augenblicklich besonders relevanten Lerninhalte und die bei ihnen vorhandenen ‚Fähigkeiten' und ‚Defizite' zu geben.

3.1 Schriftliche Standortbestimmungen

Schriftliche Standortbestimmungen haben den Vorteil, dass die Resultate dauerhaft vorliegen und nachträglich ausgewertet werden können. Zudem ist es möglich, mit vergleichsweise geringem Aufwand eine recht hohe Zahl von Informationen zu erhalten.

Wir geben hierzu im Folgenden zwei Beispiele zur *Addition und Subtraktion im Hunterterraum* (2. Schuljahr) und zur *Orientierung im Millionraum* (4. Schuljahr).

Addition und Subtraktion im 100er-Raum

Zur Erhebung der individuellen Lernstände wurden Zweitklässlern sieben Plus- und sieben Minusaufgaben gestellt, *bevor* das Thema *Addition und Subtraktion im Zahlenraum bis 100* im Unterricht behandelt worden war. Dabei wurde als Klassifikationskriterium die ‚Bauart‘ der beiden Zahlen gewählt, so dass sich sowohl für die Addition als auch für die Subtraktion folgende Reihung ergab.

- 1) E(Einer) ± E mit Zehnerübergang
- 2) Z(Zehner) ± Z
- 3) ZE(Zehner-Einer) ± Z
- 4) ZE ± E ohne Zehnerübergang
- 5) ZE ± E mit Zehnerübergang
- 6) ZE ± ZE ohne Zehnerübergang
- 7) ZE ± ZE mit Zehnerübergang

Daraus wurden jeweils sieben Aufgaben abgeleitet. Die von den Kindern zu bearbeitenden Aufgabenblätter waren so gestaltet, dass nicht nur das Resultat, sondern auch der Rechenweg notiert werden sollte.

Zudem sollten die Kinder jeweils eine achte Aufgabe frei erfinden und ausrechnen. Alternativ wäre es auch möglich gewesen, diesen Auftrag stärker zu fokussieren, etwa indem man die Kinder angeregt hätte, eine für sie leichte bzw. schwierigere Aufgabe zu notieren.

Ferner wurden die Zahlenwerte einiger Aufgaben bewusst so gewählt, dass sie eine gewisse Ähnlichkeit aufwiesen. Ausgehend von den Ergebnissen und den ersichtlichen Rechenwegen der Kinder konnten dann begründete Vermutungen darüber angestellt werden, ob die Kinder die Beziehungen zwischen diesen Zwillingsaufgaben nutzten, beispielsweise zwischen der ersten (7 + 6) und der fünften Aufgabe (37 + 6). So war bei manchen Kindern zu beobachten, dass sie die leichtere Aufgabe lösen konnten, die schwierigere jedoch noch nicht, während andere das Ergebnis von 7 + 6 zur

Plusaufgabe	Bauart	Minusaufgabe
1) 7 + 6	Einpluseins *mit* Zehnerübergang	1) 15 – 8
2) 30 + 50	Z ± Z	2) 70 – 50
3) 53 + 20	ZE ± Z	3) 68 – 30
4) 45 + 4	ZE ± E *ohne* Zehnerübergang	4) 47 – 5
5) 37 + 6	ZE ± E *mit* Zehnerübergang	5) 65 – 8
6) 35 + 54	ZE ± ZE *ohne* Zehnerübergang	6) 57 – 25
7) 28 + 29	ZE ± ZE *mit* Zehnerübergang	7) 71 – 69

Lösung von 37 + 6 heranzogen. Auch konnte die Lehrerin feststellen, welche Rechenstrategien die Schülerinnen und Schüler verwendeten und ob sie diese relativ konsequent benutzten oder bei unterschiedlichen Aufgaben auch unterschiedliche Strategien zur Anwendung brachten.

Die Bearbeitung der fünften bis achten Aufgabe von Marja zeigt zum Beispiel, dass sie nicht nur stets zu richtigen Ergebnissen kam, sondern gibt auch Einblicke in den von ihr bevorzugten und im Übrigen auch bei den anderen Aufgaben verwendeten Rechenweg, zunächst Einer und Zehner getrennt voneinander zu addieren (‚Zehner extra, Einer extra‘).

	7+6	30+50	53+20	45+4	37+6	35+54	28+29	frei	Anmerkungen
Nina	+	+	+	+	+	O	+	10+10=20	• zählt mit Fingern (auch ZE!), • vergisst "Einer" bei: 2E+2E → Blitzrechnen? neuer Lernpartner? → Zehnerstangen/Plättchen
Marie	+	+	+	+	+	+	+	100+100 = 200	• rechnet alles fehlerfrei im Kopf • nutzt Verdopplungsstrategie: (8+8 → 8+8+1) → Expertenkind? → Matheclub: rotes Team!
Larissa	+	+	+	+	—	O	—	1000+2000 = 3000	• nutzt Kraft der 5 bei: 7+6 als Anltg. 3: rechnet mit Fingern, addiert Zehner zu Einern → Größenvorstellung?! → Orientierungsübungen → Blitzrechnen/Material
Kay	+	+	O	+	+	—	—	100+100 = 200	• rechnet "zählend mit Fingern • vernachlässigt E bei: 2E+2E → Zahl/Zahlbild-Zuordnung → Zehnerstangen/Plättchen → Blitzrechnen
Paul	+	+	+	+	+	+	+	66+60 = 126	• schreibt erst Lösung, dann den Rechenweg auf • nutzt aufgabenbezogene Strategien!! (2/E extra...) → Expertenkind? → rotes Team!!

Die Auswertung erfolgte dann gemäß den Zeichen + (korrekt), o (überwiegend korrekt) und – (falsch) bzw. der Farben grün (korrekt), gelb (überwiegend korrekt) und rot (falsch) in einer am Computer vorbereiteten Tabelle, in deren Vorspalte die Namen der Kinder und in deren Kopfzeile die einzelnen Aufgaben standen. Am Ende jeder Zeile stand eine breitere Zelle für zusammenfassende Anmerkungen zur Verfügung, in die ggf. Aussagen zu bevorzugten Rechenstrategien oder zu beobachteten Fehlermustern sowie die daraus abzuleitenden Förderhinweise eingetragen werden konnten.

Auch für den Unterricht wurden die Erkenntnisse herangezogen. So musste die Lehrperson die Rechenstrategie ‚Zehner extra, Einer extra‘ nicht selbst einführen, sondern Marja konnte ihre Vorgehensweise den Mitschülern vorstellen und im Weiteren dafür als Expertin fungieren.

Zudem konnten die Kinder die Erfahrung machen, dass das demnächst anstehende Thema kein völliges Neuland für sie war, sondern sie schon einiges von dem beherrschten, was anschließend behandelt wurde.

Orientierung im Millionraum

Ein zweites Beispiel: Zu Beginn des vierten Schuljahres absolvierten die Kinder eine Eingangs-Standortbestimmung zur Orientierung im Millionraum, die die folgenden sechs Grundkompetenzen umfasste und insbesondere die Analogien zwischen dem Zahlraum bis 1000 und dem Zahlraum bis 1 Million ansprach (in Anlehnung an WITTMANN/MÜLLER 2005, S. 52 ff.).

- Zähle am Tausender- bzw. am Million-Strahl in Hunderter- bzw. in Hunderttausender-Schritten.
- Ergänze zu 100 und 100.000 bzw. zu 1.000 und 1.000.000.
- Rechne Plusaufgaben im Tausenderraum (158 + 88) und verwandte Aufgaben im Millionraum (158.000 + 88.000).
- Lesen und Schreiben von Zahlen.
- In Schritten zählen (ohne Anschauungsmittel).
- Verdoppeln und Halbieren.

Der Ausschnitt aus der Standortbestimmung von Steven umfasst die Aufgaben 4 bis 6 und lässt den Rückschluss zu, dass er zu diesem Zeitpunkt im Lernprozess noch nachvollziehbare Schwierigkeiten beim Übersetzen von geschriebenen Zahlworten in die Ziffernschreibweise hatte, er andererseits dabei aber auch schon sinnvolle Übertragungen aus dem Tausenderraum vornahm.

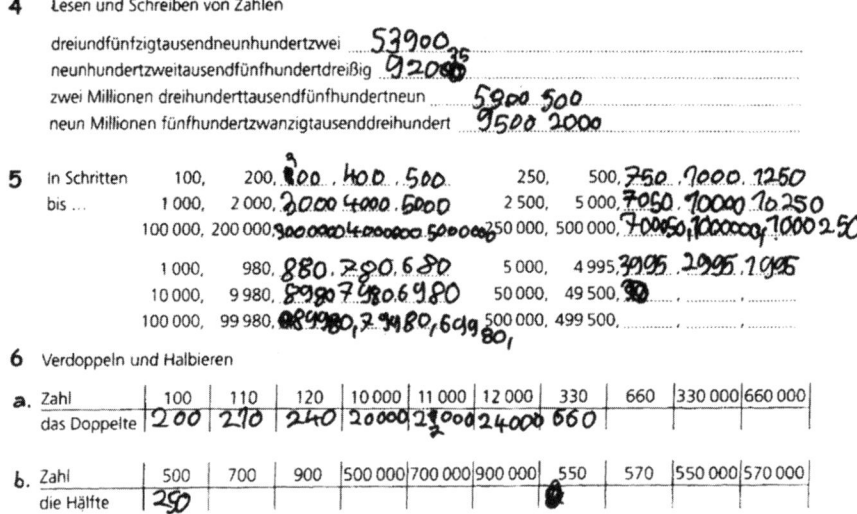

Aus: *Wittmann/Müller (2003): Das Zahlenbuch, Arbeitsheft 4, Klett: Leipzig.*

Beim Zählen in Schritten notierte er häufig drei zusammenhängende Zahlen, beachtete jedoch nicht immer das durch die beiden Zahlen vorgegebene Bildungsgesetz, sondern orientierte sich im Wesentlichen an der zweiten Zahl. Während ihm das Verdoppeln bei einigen der Aufgaben bereits gelang, machte er nur einen Eintrag beim Halbieren.

Solche Standortbestimmungen geben nicht nur Informationen über einzelne Schülerinnen und Schüler, sondern auch über Vorkenntnisse der gesamten Lerngruppe. Bei der Analyse der Dokumente aller Schüler zeigte sich beispielsweise, dass die Einordnungsübungen am Zahlenstrahl einer intensiveren Behandlung bedurften als ursprünglich geplant. Im Gegenzug beherrschten die meisten Kinder den Transfer des Rechnens vom Tausender- in den Millionraum bereits besser als erwartet.

Nach der Behandlung des Themas „Orientierung im Zahlraum bis 1 Million" wurde dann dieselbe Standortbestimmung noch einmal bearbeitet. Sofern eine Eingangs- und eine Abschluss-Standortbestimmung durchgeführt werden, ist es u. E. sinnvoll, beide analog aufzubauen und die Zahlenwerte gleich zu lassen oder ggf. nur leicht zu variieren. So können die Lehrerinnen und die Kinder Lernfortschritte leichter erkennen und sehen, in welchen Bereichen sich weniger zufrieden stellende Lernentwicklungen ergeben haben.

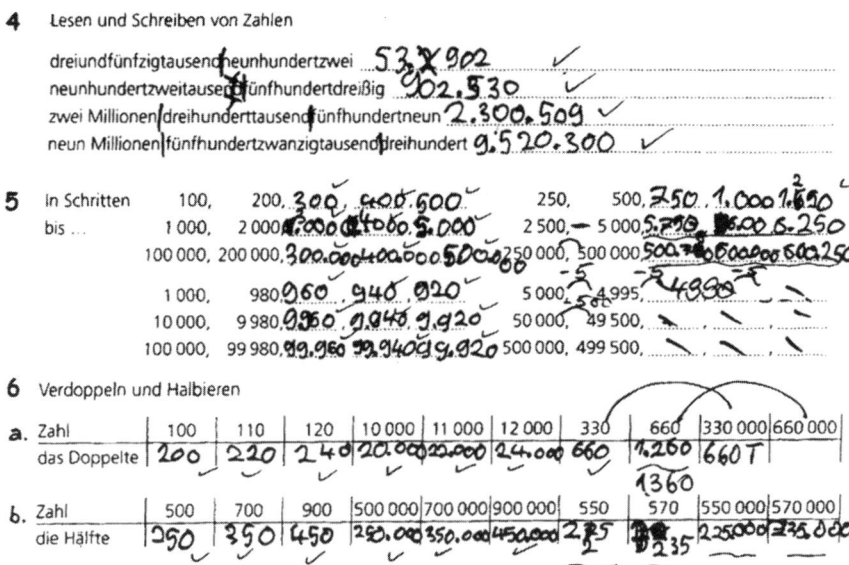

Aus: Wittmann/Müller (2003): Das Zahlenbuch, Arbeitsheft 4, Klett: Leipzig.

Im Beispiel von Steven zeigte sich, dass er in der Abschluss-Standortbestimmung beim Lesen und Schreiben der Zahlen keinen Fehler mehr beging. Auch beim ‚Zählen in Schritten' konnte er deutliche Fortschritte verzeichnen. Während er in der linken Hälfte alles richtig machte, waren allerdings bei den Aufgaben in der rechten Hälfte insbesondere beim Rückwärtszählen noch Probleme zu verzeichnen.

Das Verdoppeln und hier das Übertragen von Ergebnissen aus dem Tausender- auf solche aus dem Millionraum beherrschte er fast perfekt, während das Herstellen dieser Zusammenhänge beim Halbieren durchaus funktionierte, jedoch am Schluss noch zwei Rechenfehler zu beobachten waren.

3.2 Mündliche Standortbestimmungen

Im Vergleich zu schriftlichen haben mündliche Standortbestimmungen den Vorteil, dass man nicht nur die Notizen der Kinder heranziehen, sondern bei ihnen auch genauer nachfragen kann.

Dadurch können deren Denkwege oft besser verstanden werden. Hierzu ein Beispiel: Nadine hat bei der Aufgabe 701 – 698 das Ergebnis 1903 (!) erhalten. Im Interview wird deutlich, wie sie gedacht hat.

N: *Also, von 8 bis 1 geht nicht. Von 8 bis 11 sind 3.*
    Schreibe 3, übertrage 1.
Der erste Rechenschritt erfolgt also vollkommen korrekt.
N: *1 plus 9 ist 10. Von 10 bis 10 geht nicht.*
    Von 10 bis 20 ist 10. Schreibe 0, übertrage 2.

Im zweiten Schritt hat Nadine Schwierigkeiten mit der Aufgabe, von 10 bis 10 zu ergänzen, und behilft sich damit, dass sie auf 20 ergänzt. Die Differenz 10 stellt für sie eine ungewohnte Anforderung dar. Der Algorithmus sieht vor, in das freie Feld unterhalb des Striches die einziffrige Differenz und oberhalb des Striches in die vorangehende Spalte die so genannte Übertragsziffer (hier die 2 von der 20) anzugeben. Sie trägt unterhalb des Striches die 0 von der 10 ein.

N: *2 plus 6 ist 8. Von 8 bis 7 geht nicht. Von 8 bis 17 ist 9. Schreibe 9,*
    übertrage 1. Und die 1 muss ich dann auch noch ins Ergebnis schrei-
    ben.

Durch den ‚Übertrag‘ der 2 wird die ursprünglich lösbare Aufgabe unlösbar, denn der Subtrahend (8) ist nun größer als der Minuend (7). Nadine erweitert aus ihrer Sicht konsequent die 7 zur 17 und trägt eine 1 in der Tausenderspalte ein. Das Problem tritt also an der Stelle auf, an der sie von 10 zur 10 ergänzen muss. Ansonsten beherrscht sie den Algorithmus.

Auch wenn mündliche Standortbestimmungen aufwändiger sind als schriftliche, sollte man Gelegenheiten dazu beispielsweise in Phasen differenzierten Arbeitens oder im sogenannten Förderunterricht (Mathe-Club) unbedingt nutzen, selbst wenn dieses nicht mit allen Kindern möglich ist. Denn man kann in einem solchen zehnminütigen Gespräch bisweilen weit mehr über die Denkweisen eines Kindes erfahren als in zwanzig Unterrichtsstunden.

Dabei meinen wir mit Gesprächen nicht die klassische „Nachhilfesituation", in der die Lehrperson die Sachverhalte erklärt und das Kind versucht, diese ‚Hilfen‘ nachzuvollziehen. Die vorrangige Zielsetzung von mündlichen Standortbestimmungen besteht darin, dass das Kind seine Denkweisen durch Handlungen und Äußerungen demonstriert und die Lehrperson versucht, zu erfahren, wie das Kind denkt. Es geht also nicht darum, die Kinder durch geschicktes Fragen möglichst schnell zur richtigen Lösung zu führen.

Dass sich daran selbstverständlich auch Impulse und Erklärungen der Lehrerin anschließen können, die das Denken der Kinder weiter anregen, versteht sich von selbst. Die Schülerinnen und Schüler sollen ja nicht mit Schwierigkeiten allein gelassen werden oder langwierige Irrwege einschlagen.

Im Folgenden möchten wir drei Leitprinzipien formulieren, die Ihnen den Einstieg in das Führen solcher Gespräche erleichtern sollen.

1. Zurückhalten: Ihr Rede- und Erklärungsteil sollte *möglichst gering* sein. Es geht nicht darum, etwas möglichst gut zu erklären, sondern vielmehr darum, zuzuhören, zu beobachten und im geeigneten Moment solche Fragen zu stellen, die das Kind dazu anregen, über sein Vorgehen zu sprechen.

Äußern Sie möglichst keine direkten oder indirekten negativen Bewertungen („So geht das nicht.", „Das stimmt nicht.", „Ich erkläre es dir noch einmal, wie es geht.").

2. Geduldig sein: Auch in Gesprächspausen sind Kinder häufig in irgendeiner Form geistig aktiv. Warten Sie möglichst lange ab und lassen Sie sich nicht zu vorschnellen Erklärungen oder Eingriffen hinreißen.

Da Sie aber über das Denken des Kindes etwas erfahren wollen, sollten Sie andererseits an geeigneter Stelle nachfragen. Gestehen Sie dann ggf. dem Kind gegenüber ruhig ein, dass Sie etwas nicht verstanden haben, und bitten Sie um nochmalige Erklärung.

3. Kompetenzorientiert beobachten: Lassen Sie das Kind immer ausreden und unterbrechen Sie es nicht sofort, wenn es Ihrer Meinung nach etwas Falsches gesagt hat. Ziehen Sie falsche, ungeschickte oder unverständliche Antworten als authentische Ausdrucksformen seiner Denkprozesse oder seines derzeitigen Entwicklungsstandes in Betracht.

Sie werden sehen, dass ‚unsinnige' Antworten häufig viel vernünftiger sind, als Sie es beim ersten Hören vielleicht vermuten. Sie beruhen nicht selten auf einer *anderen* – und häufig unerwarteten – Sichtweise des Sachverhaltes (vgl. Kap. 2.1).

Weiterführende Informationen hierzu sowie Interviewbeispiele finden Sie in SELTER/SPIEGEL (1997) oder HENGARTNER (1999). Eine systematisch ausgearbeitete Zusammenstellung von Interviewvorschlägen für die ersten beiden Schuljahre bieten die drei Bände von BEHRING et al. (1999).

Im Folgenden geben wir zwei Beispiele zur Illustration. Wir befassen uns mit einer Standortbestimmung zu *arithmetischen Fähigkeiten am Schulanfang* und mit einer weiteren, mit Hilfe deren ausgewählte *prozessbezogene Kompetenzen von Zweitklässlern* erhoben werden sollten.

Arithmetische Fähigkeiten am Schulanfang

Zunächst befassen wir uns mit einer Standortbestimmung zur Erhebung arithmetischer Kompetenzen mit Hilfe von so genannten Bild-Sach-Aufgaben (KNAPSTEIN/SPIEGEL 1995; vgl. auch CARNIEL/HUHMANN/KNAPSTEIN 2002, S. 81 ff.).

Unseres Erachtens empfiehlt es sich, bei Vorschulkindern bzw. bei Schulanfängern die acht Aufgaben aus dem so genannten Kerntest zu verwenden (zum unterrichtspraktischen Einsatz vgl. SUNDERMANN/SELTER 2004). Eine andere Standortbestimmung zu diesem Thema haben WITTMANN/MÜLLER (2004) mit dem so genannten GI-Test entwickelt.

1 Du siehst hier eine Tüte Gummibärchen. Finde heraus, wie viele Gummibärchen in der Tüte sind, und kreise die gefundene Zahl in der Wolke ein.

2 Auf diesem Lineal fehlt vorne eine Zahl. Finde heraus, welche es ist, und kreise sie in der Wolke ein.

3 In diesem Waggon sitzen 3 Personen. Am Bahnhof steigen noch 5 Personen ein. Wie viele Personen sitzen dann in dem Waggon? Kreise die Zahl in der Wolke ein.

4 Jetzt sollst du dir einen Waggon vorstellen, in dem 8 Personen sitzen. Am Bahnhof steigen noch 2 Personen ein. Wie viele Personen sitzen dann in dem Waggon? Kreise die Zahl in der Wolke ein.

5 In diesem Waggon sitzen 7 Personen. Am Bahnhof steigen 4 Personen aus. Wie viele Personen sitzen dann in dem Waggon? Kreise die Zahl in der Wolke ein.

6 Stell dir nun einen Waggon vor, in dem 6 Personen sitzen. Am Bahnhof steigen 2 Personen aus. Wie viele Personen sitzen dann in dem Waggon? Kreise die Zahl in der Wolke ein.

7 Finde heraus, wie viel Euro in diesem Portemonnaie sind, und kreise die gefundene Zahl in der Wolke ein.

8 Stell dir vor, du gehst mit diesem Portemonnaie einkaufen und kaufst den Ball für 3 Euro. Wie viel Euro hast du nachher noch übrig? Kreise die Zahl in der Wolke ein.

Als Hilfsmittel für die Auswertung der Ergebnisse empfehlen KNAPSTEIN/
SPIEGEL (1995, S. 73) eine Tabelle, in die die Namen der Kinder und die Auf-
gabennummern einzutragen sind. Durch die zeilen- bzw. die spaltenweise
Summierung ist es möglich, sich sowohl ein Bild von den gezeigten Leistungen eines einzelnen Kindes wie auch der gesamten Klasse zu machen.

In die Kästchen trägt man ein Pluszeichen bzw. Minuszeichen für eine
korrekte bzw. nicht korrekte Lösung ein. Falls eine Aufgabe (aus Zeitgründen) nicht vorgelegt wird, macht man dieses durch einen Schrägstrich deutlich.

	1	2	3	4	5	6	7	8	Ges.
Max	+	+	–	+	+	–	/	/	4
Lisa	+	+	+	+	+	–	/	/	5
Hakan	+	+	+	+	+	+	+	+	8
...	...	...	...	...	...	...	...	...	...
Gesamt	25	24	22	20	21	19	15	14	160

Sofern man die Aufgaben im Klassenverband oder in großen Gruppen stellt,
ist eine detaillierte Auswertung kaum möglich. Wenn man aber kleinere
Gruppen bei der Bearbeitung der Aufgaben beobachten kann – etwa im Förderunterricht oder wenn eine ‚Lesemutter‘ mit den anderen Kindern arbei-
tet –, wird eine genauere Analyse möglich, die durch einen differenzierter
angelegten Bogen für jeweils ein Kind unterstützt werden kann.

Denkbar ist es auch, die Vorgehensweisen der gesamten Klasse auf einem
Bogen zusammenzutragen, um so einen Überblick über die gezeigten Leistungen zu erhalten (s. S. 34).

Prozessbezogene Kompetenzen in Klasse 2

Die Beschreibung einer weiteren mündlichen Standortbestimmung verdeutlicht, dass in deren Rahmen nicht nur Kenntnisse und Fertigkeiten,
sondern auch prozessbezogene Kompetenzen erhoben werden können. Sie
orientiert sich an den Aussagen des nordrhein-westfälischen Lehrplans
darüber, was Kinder bis zum Ende von Klasse 2 lernen können sollen.

Janina

	richtig gelöst	falsch gelöst	abge-zählt	gerech-net	ge-schätzt	mit Fingern	mit Material	Zeit	Bemerkungen
1	X		X					6"	hat mit Nachbarin (4. Sch.)
2	X								schon immer „Schule gespielt" (Lineal bekannt)
3	X							3"	„für mich ist das Baby"
4	X			X					
5	X			X				5"	
6		X				X			überlegt, als sei von Jessica „4" hört
7	X			X		X			Bild betrachtet, schnell erkannt
8	X						X		zählt rückwärts und kontrolliert und „Material

Klasse 1b

	richtig gelöst	falsch gelöst	abge-zählt	gerech-net	ge-schätzt	mit Fingern	mit Material	Zeit	Bemerkungen
1	20		15				1		5 Ki: 5 Bären erfasst und verdoppelt
2	18	2	3	10		5	5		2 Ki: Nachfolger von 6 eingezeichnet
3	20		10	10		2	5		3 Ki: Abzählen auf Abbildung
4	19	1	10	10		5	4		1 Ki: am 1 verrechnet
5	20		13	7		9	6		viele Ki: nutzen direkt Finger
6	19			6	2	8	3		1 Ki: am 1 verrechnet
7	16	4	7	8		5			2 Ki: erkennen Münze nicht
8	18	2	8	8	3	10	2		2 Ki: 10,- Schein unbekannt

- *kreativ sein:* Aufgaben selbst erfinden,
- *mathematisieren:* lebensweltlichen Situationen relevante Informationen entnehmen,
- *begründen:* einfache Beziehungen und Gesetzmäßigkeiten erklären,
- *darstellen:* eigene Überlegungen mitteilen,
- *kooperieren:* andere Vorgehensweisen nachvollziehen.

Im Rahmen der Standortbestimmungen bei Zweitklässlern wurden zwei Aufgabentypen bearbeitet, die jeweils etwa 10 Minuten in Anspruch nahmen. Bei der ersten Aufgabe sollten die Kinder angefangene Zahlenfolgen vervollständigen und abschließend solche selbst erfinden. Die kursiv gedruckten Angaben dienen der Orientierung der Leserinnen und Leser.

1	2	3	4	5		

immer plus 1

2	4	6	8	10		

immer plus 2

20	18	16	14	12		

immer minus 2

1	3	4	6	7		

immer abwechselnd plus 2 und plus 1

1	6	5	10	9		

immer abwechselnd plus 5 und minus 1

2						

eine Folge mit der Startzahl 2 erfinden

		10				

eine Folge mit der dritten Zahl 10 erfinden

eine Folge frei erfinden

Im Folgenden soll das Beispiel von Sven zum einen seine Lösungswege aufzeigen. Zum anderen sollen zur Illustration auch die Kommentare wiedergegeben werden, die die Lehrerin sich auf einem kopiergleichen, hier nur ausschnitthaft abgedruckten Blatt während des Gesprächs mit Sven und kurz im Anschluss daran machte.

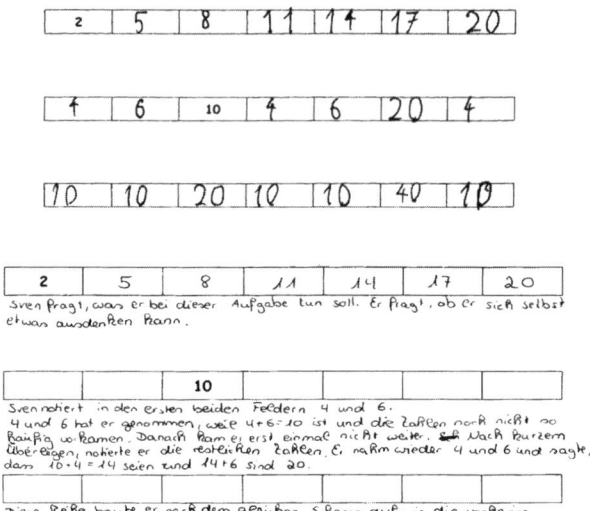

Aus der Analyse seiner Lösungen wird also deutlich, dass Svens ‚Fehllösungen' auf vernünftigen Überlegungen beruhen.

Bei der sich anschließenden *Biohof-Aufgabe* sollten die Zweitklässler aus einem Bild (aus WITTMANN/MÜLLER 2004a, S. 93) Preisangaben herauslesen und den Gesamtpreis einiger ‚Einkäufe' ermitteln.

a) 1 Gurke kostet _____

b) 1 Bund Karotten kostet _____

c) 3 Flaschen Apfelsaft kosten _____

d) 3 Gurken und 2 Flaschen Apfelsaft kosten _____

e) 5 Gläser Honig kosten _____

f) 3 Schalen Erdbeeren und 3 Gläser Marmelade kosten _____

g) _____ kosten _____

h) _____ kosten 10 Euro.

Auch hier sollten die Kinder zunächst eine Reihe von vorgegebenen Aufgaben lösen und dann zwei Aufgaben selbst erfinden. Zur Illustration geben wir hier nur die Mitschrift der Lehrerin an, die gleichzeitig auch die Antworten des Kindes mit protokollierte.

c) 3 Flaschen Apfelsaft kosten __3 €__

d) 3 Gurken und 2 Flaschen Apfelsaft kosten __5 €__
zuerst 2 Flaschen, das sind 2 € und 3 Gurken, das sind 3 € / 2+3 = 5

e) 5 Gläser Honig kosten __20 €__
4+4 = 8 (dann hat er sich ein Glas Honig weggedacht), 8+4 = 12 (2 Gläser weggedacht)

f) 3 Schalen Erdbeeren und 3 Gläser Marmelade kosten __15 €__
3+3+3 = 9 / 9+2 = 11 / 11+2 = 13 / 13+2 = 15

Es zeigte sich also, dass Sven nicht nur dem Bild die relevanten Informationen entnehmen und damit richtige Ergebnisse ermitteln konnte, sondern auf dem Weg dorthin auch von Rechengesetzen Gebrauch machte.

Kontinuierlicher Einsatz von Standortbestimmungen

Nicht nur bei schriftlichen, sondern auch bei mündlichen Standortbestimmungen ist ein kontinuierlicher Einsatz sinnvoll und insbesondere bei Kindern hilfreich, die Schwierigkeiten im Mathematikunterricht haben. Anhand von hier nicht weiter ausgeführten Aufgaben können zu festen Zeitpunkten – zum Beispiel am Schuljahresanfang, zur Mitte und dann am Ende des Schuljahres – zentrale Grundkompetenzen in den Bereichen Zahlen, Rechenoperationen, Geometrie und Sachrechnen wiederholt erhoben werden. Mögliche Aufgabenstellungen finden Sie nicht nur in den o. a. Quellen, sondern beispielsweise auch in EICHLER (2004), GRASSMANN (1996),

RADATZ u. a. (1996, S. 19–27), SELTER/SPIEGEL (1997, S. 20 ff.; 121 f.) oder
WALDOW/WITTMANN (2001).

3.3 Prüfungen und Bestätigungen

Eine mit den Standortbestimmungen verknüpfte, dritte Form von Verge-
wisserungen über momentane Lernstände bilden Prüfungen und Bestäti-
gungen. Hierzu absolvieren die Kinder einen ‚Test‘, um einen Pass, ein Di-
plom oder eine Urkunde zu erhalten. Das Dokument besteht in der Regel aus
der Auflistung einer Reihe von bestandenen Einzelprüfungen, zu denen die
Kinder sich zu den Zeitpunkten anmelden, an denen sie sich dazu bereit
fühlen.

Insbesondere in einem geöffneten Unterricht, in dem nicht alle Kinder zur
gleichen Zeit und in gleichem Tempo mit den gleichen Aufgaben befasst sind,
tragen solche Kristallisationspunkte zur Information für die Lehrerin (Wer
kann was, wer was noch nicht?) und als Orientierung und Motivation für die
Kinder dazu bei, dass der Unterricht nicht in Beliebigkeit und damit ‚Lei-
stungsschwäche‘ abdriftet. Wir sind aber der Meinung, dass man Pässe, Diplome oder Urkunden nicht inflationär einsetzen sollte, sondern sprechen
uns für einen wohl dosierten Einsatz aus. Im Folgenden geben wir drei Beispiele:
- den *Blitzrechenpass*, der eher kenntnis- und fertigkeitsorientiert ausge-
  richtet ist,
- das *Matheforscher-Diplom*, bei dem die prozessbezogenen Kompetenzen im Vordergrund stehen, sowie
- die *Würfelbaumeister-Urkunde,* um aufzuzeigen, dass nicht nur arith-
  metische Kompetenzen von Bedeutung sind.

Blitzrechenpass

Im Blitzrechenpass wird nach und nach dokumentiert, ob die Schülerinnen
und Schüler die entsprechenden Übungen beherrschen, wie etwa die An-
zahlerfassung (Wie viele?) oder das so genannte Mini-Einmaleins (von $1\cdot1$
bis $5\cdot5$). Kopiervorlagen hierzu finden Sie in WITTMANN/MÜLLER (2004,
S. 280) sowie den weiteren Lehrerhandbüchern des Zahlenbuches für die
Schuljahre 2 bis 4.

Unter Blitzrechnen (auch schnelles Rechnen genannt) werden diejenigen
Anteile des Kopfrechnens verstanden, deren gedächtnismäßige Verfügbarkeit regelmäßiger, anfangs anschauungsgebundener Übungen bedarf. Pro

Schuljahr unterscheiden WITTMANN/MÜLLER zehn Blitzrechenübungen, die die Kinder an dessen jeweiligem Ende beherrschen sollten.

Im Blitzrechenpass bewertet die Lehrerin die Leistung der Einzelprüfungen z. B. auf einer mehrstufigen Skala von – bis +, wobei die Prüfung beim Erreichen eines – oder eines ⊖ wiederholt werden muss. Wenn es für die Lehrerin zeitlich nicht zu schaffen ist, alle Einzelprüfungen mündlich abzunehmen, ist es natürlich auch möglich, einen Teil der Anforderungen schriftlich abzutesten.

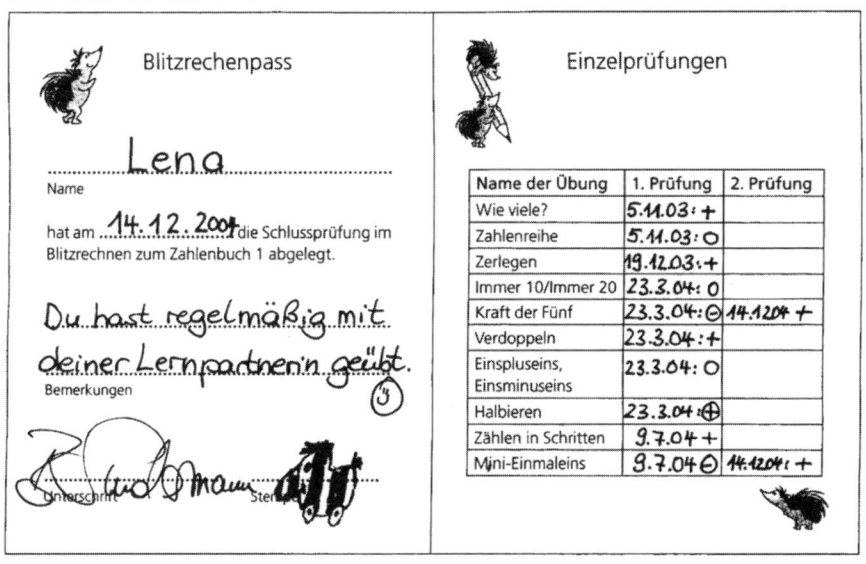

Blitzrechenpass

Lena
Name

hat am ...14.12.2004 die Schlussprüfung im Blitzrechnen zum Zahlenbuch 1 abgelegt.

Du hast regelmäßig mit deiner Lernpartnerin geübt.
Bemerkungen

Unterschrift

Einzelprüfungen

Name der Übung	1. Prüfung	2. Prüfung
Wie viele?	5.11.03: +	
Zahlenreihe	5.11.03: ○	
Zerlegen	19.12.03: +	
Immer 10/Immer 20	23.3.04: ○	
Kraft der Fünf	23.3.04: ⊖	14.12.04 +
Verdoppeln	23.3.04: +	
Einspluseins, Einsminuseins	23.3.04: ○	
Halbieren	23.3.04 :⊕	
Zählen in Schritten	9.7.04 +	
Mini-Einmaleins	9.7.04 ⊖	14.12.04: +

Aus: Wittmann/Müller (2004): Das Zahlenbuch, Lehrerband 1. Klett: Leipzig.

Dass die Schüler – wie hier Lena – die Prüfungen erfahrungsgemäß spätestens im zweiten Anlauf bestanden, hat zum einen damit zu tun, dass sie ihre eigene Leistung relativ gut einschätzen konnten, da Blitzrechenübungen im Klassenverband, aber auch in der Einzelarbeit bzw. mit dem Lernpartner in Partnerarbeit zum Unterrichtsalltag gehörten (KRAUTHAUSEN 2002; WITTMANN/MÜLLER 1998).

Zum anderen trugen dazu Aufgaben wie ‚Teste dich selbst‘ oder ‚Teste deinen Partner‘ bei: Dabei bearbeiteten die ‚Prüfungskandidaten‘ eine Serie von Aufgaben. Diese sah dann nicht die Lehrperson durch, sondern die Kinder in Selbst- bzw. Partnerkontrolle. Anschließend entschieden die Kinder dann selbst, ob sie sich für die von der Lehrerin durchgeführte mündliche Einzelprüfung anmelden. Hierzu trugen sie sich in eine aushängende Liste mit der Überschrift ‚Ich bin bereit für die Blitzrechen-Prüfung‘ ein.

Matheforscher-Diplom

Da auch die prozessbezogenen Kompetenzen – wie entdecken, beschreiben oder begründen – kontinuierlich geschult und Lernfortschritte dokumentiert werden sollten, bieten sich neben den Rechenpässen die Forscher-Diplome an. Zu deren Erwerb bearbeiten die Kinder im Verlauf des Schuljahres oder eines Halbjahres eine bestimmte Anzahl von Arbeitsblättern, die durch das Logo des Detektivs als Mathe-Forscher-Blätter gekennzeichnet sind.

Matheforscher–Diplom

Benjamin

hat am **8. 7. 05** das

Matheforscher-Diplom

für die Klasse 3 erworben.

Hierzu wurden folgende Forscher-Arbeiten eingereicht:

Titel der Forscher-Arbeit	Datum	Kommentar
Unsere Hexen-Rechenge-schichten	13.10. 2004	Du hast eine lustige Rechengeschichte mit vielen tollen Rechenaufgaben geschrieben.
Expertenarbeit Denkschule: Türme bauen	14.12. 2004	Tim, Shankeeth und du: Ihr seid ein tolles Team gewesen.
Symmetrie-Album	23.2. 2005	Du hast viele spiegel-gleiche Gegenstände ausgeschnitten und schöne Zeichnungen gemacht.
Forscherheft Streich-quadrate	8. 7. 2005	Du hast schließlich doch noch fast alle Aufgaben gelöst und auch einige Forscherberichte geschrieben. Prima! ☺

~~~Unterschrift~~~ Strohmaun   ~~~Stempel~~~

In einem dritten Schuljahr etwa waren von sechs ausgegebenen Blättern mindestens vier bei der Lehrerin einzureichen, die diese durchsah, ggf. Überarbeitungen einforderte und dann schließlich das Forscher-Diplom überreichte.

Würfelbaumeister-Urkunde

Die Würfelbaumeister-Urkunde schließlich möchten wir als drittes Beispiel vorstellen, da sie geometrische Inhalte abdeckt und sich ihr Erwerb nicht über mehrere Wochen oder Monate hinwegzog, sondern im Verlauf einer längeren Unterrichtsreihe erfolgte. Auch wird hierbei deutlich, dass die Kontrollinstanz nicht immer nur die Lehrperson sein muss.

Würfelbaumeister–Prüfung

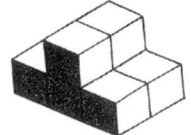

Katrin

hat am **2.6.05** die

Meisterprüfung

zum Würfelbaumeister **bestanden**.

Hierzu wurden folgende **Einzelprüfungen** abgelegt:

Stationen: Bauen mit losen Würfeln

Aufgaben	bearbeitet am	kontrolliert (Unterschrift Expertenkind)
1. Würfelgebäude nachbauen	13.5.05	Sarah
2. Baupläne zeichnen	17.5.05	Maik
3. Würfelkörper zeichnen und mit Würfelplättchen legen	17.5.05	Alex

Stationen: Bauen mit den Teilen des SOMA-Würfels

Aufgaben	bearbeitet am	Anzahl der Lösungen	kontrolliert
1. Die Sitzbank	20.5.05	1	Falken
2. Der Quader	20.5.05	2	Anissa
3. Das Sofa	20.5.05	1	Anna
4. Das Guckloch	20.5.05	1	Chris gen
5. Die Treppe	20.5.05	1	gen
6. Der Turm	24.5.05	1	Vincent
7. Die Zimmerecke	24.5.05	1	Christoph
8. Der Giebel	29.5.05	1	Marvin
9. Die Mauer	24.5.05	1	Jessica
10. Der hohe Turm	24.5.05	1	Susan
11. Architekturbüro	25.5.05	1	Lara

* Zusatz-Prüfungen

Aufgaben	bearbeitet am	kontrolliert
Der 9-Farben-Würfel		
Der rote Dreierwürfel	1.6.05	Philipp
Die 3 Pentominos - ein Legespiel	1.06.05	Maik
Potz Klotz	1.6.05	Svenja

_____Unterschrift_____ _____Stempel_____

Im vorliegenden Beispiel arbeiteten die Kinder an verschiedenen Stationen zum Bauen mit losen Würfeln bzw. den Teilen des SOMA-Würfels (RICKMEYER 1996; HIRT/MEISTER 2003). Wenn sie der Meinung waren, sämtliche Arbeitsaufträge ausgeführt zu haben und damit die Leistungsanforderungen der jeweiligen Station erfüllen zu können, meldeten sie sich zu festgelegten Zeiten bei Expertenkindern, die mit den Aufgaben der jeweiligen Station gut vertraut waren. Diese nahmen dann die Prüfung ab und dokumentierten deren Bestehen durch ihre Unterschrift.

Zusätzlich zum Pflichtprogramm war es möglich, aus einer Reihe von weiteren Aufgaben solche auszuwählen, zu denen man sich für eine Zusatz-Prüfung anmelden konnte. Die Lehrerin sah dann stichprobenartig die Aufgabenblätter sowie die Übersicht über die absolvierten Einzelprüfungen durch und quittierte abschließend das Bestehen der Würfelbaumeister-Prüfung.

4 Kinder einbeziehen

Lernkompetenz gilt als einer der Schlüsselbegriffe schulischer Bildung. Lernen als Gegenstand des Unterrichts verlangt, dass die Kinder lernen, in zunehmendem Maße über ihr eigenes Lernen nachzudenken, es zu bewerten und selbst zu steuern. In diesem Zusammenhang ist u. E. die Annahme plausibel, dass sich ein altersangemessenes Maß an Transparenz förderlich auf das Gelingen des Lernprozesses und die Qualität der Leistungsfeststellungen auswirkt, da den Kindern Mitbestimmungs- und Mitgestaltungsmöglichkeiten eröffnet werden.

Wie Kinder schon in der Grundschule in diesem Sinne vermehrt einbezogen werden können, ohne dabei der Gefahr der Übermethodisierung zu erliegen, führen wir in diesem Kapitel anhand von Beispielen aus. Wir haben diese entlang der Themenkomplexe *Kinder ordnen ein* (4.1), *Kinder dokumentieren* (4.2) und *Kinder beurteilen selbst* (4.3) strukturiert.

4.1 Kinder ordnen ein

Wenn Schülerinnen und Schüler etwas lernen sollen, müssen sie eine gewisse Klarheit über das ‚Warum‘, das ‚Was‘ und das ‚Wie‘ haben.

- *Zieldimension:* Warum soll/will ich diese Arbeit erledigen? Was kann ich bei diesem Thema lernen?
- *Inhaltsdimension:* Was genau soll/will ich tun? Worum geht es?
- *Methodische Dimension:* Wie soll/will ich die Aufgabe angehen (Zeitrahmen, Materialien, Sozialform etc.)?

Solche Transparenz sollte selbstverständlich nicht darin bestehen, dass den Kindern die Zielformulierungen eines schriftlich ausgearbeiteten Unterrichtsentwurfs vorgelesen werden. Vielleicht schmunzeln Sie jetzt, aber das haben wir alles schon erlebt. Stattdessen bedarf es Formen, die für die Kinder verständlich sind. Im Folgenden möchten wir dazu einige Beispiele geben und stellen die *Themenleine*, das *Themenplakat*, Checklisten mit *Kinder-Zielen* und die so genannte *Lernlandschaft* vor.

Themenleine

Für eine Themenleine werden die Elemente einer Unterrichtsreihe groß-
formatig so auf Papier notiert, dass die Kinder sie verstehen können. Die
einzelnen Blätter werden dann an einer im Klassenzimmer angebrachten
Leine ausgehängt.

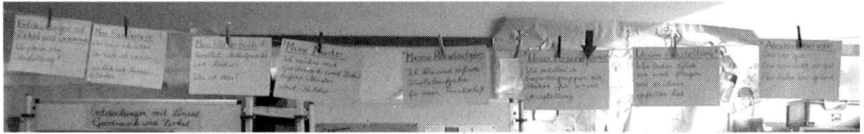

Die Themenleine in der Abbildung entstammt einer Unterrichtsreihe zum
Thema „Entdeckungen mit Zirkel und Geodreieck. Wir planen eine Ausstellung", in deren Rahmen Viertklässler eine Reihe von Aktivitäten durch-
führten, die durch die folgenden Angaben auf den Themenblättern deutlich
wurden:

- *Mein Forscherheft:* Das weiß ich schon. Das will ich wissen. Das habe ich
  herausgefunden.
- *Mein Wörterbuch:* Parallele, Mittelpunkt und Radius. Was ist das?
- *Meine Muster:* Ich zeichne mit Geodreieck und Zirkel eigene Muster und
  Bilder.
- *Meine Rätselaufgaben:* Ich erfinde und löse Knobelaufgaben für mein
  Forscherheft.
- *Unser Forscherplakat:* Wir erstellen in Expertengruppen ein Plakat für
  unsere Ausstellung.
- *Unsere Ausstellung:* Wir laden Gäste ein und fragen, wie es ihnen gefal-
  len hat.
- *Abschlussbericht:* Das war gut. Das war nicht so gut. Das haben wir ge-
  lernt.

Die gewünschte Transparenz wurde nun aber keineswegs dadurch erzeugt,
dass die Leine lediglich im Klassenzimmer hing. Das wäre so gewesen, als
hätte man einen Tausenderstrahl im Klassenzimmer angebracht und ihn
dann in den weiteren Unterricht nicht mehr einbezogen.

Zu Beginn der Unterrichtseinheit, aber auch in deren Verlauf wies die
Lehrerin mehrfach auf die Themenleine hin, so dass die Kinder sich daran
orientieren konnten. Mit Hilfe einer variabel anzuheftenden Wäscheklam-
mer, die mit einem großen, sich in der Farbe von den Blättern abhebenden
Pfeil versehen war, konnte deutlich werden, an welchem Punkt im Lehr-/
Lernprozess sich die Kinder gerade befanden bzw. befinden sollten (‚So
weit müsstet ihr jetzt sein.').

Dabei erscheint es uns hilfreich zu sein, für wiederkehrende Elemente Piktogramme festzulegen bzw. zu verabreden, die man in die Themenleine einbeziehen kann. Für Forscheraufgaben z. B. signalisierte das Bild einer Lupe, dass es beispielsweise darum ging, gefundene Lösungswege zu vergleichen und geschickte Vorgehensweisen herauszufinden.

Bei bestimmten Themen ist es darüber hinaus auch möglich, die Anordnung der Themenblätter mit den Kindern im Unterrichtsgespräch zu entwickeln oder auch deren Reihenfolge – abhängig vom Unterrichtsverlauf – zu modifizieren. Denn hier können einzelne ‚Bausteine' leicht verändert, ausgetauscht, herausgenommen oder hinzugefügt werden.

Ein wichtiger Bestandteil, um den Kindern im Rahmen einer solchen Unterrichtsreihe mehr Transparenz und Möglichkeiten zur Mitgestaltung des Unterrichts zu geben, scheint die informelle Erhebung ihrer Vorerfahrungen und Interessen zu sein. Im Rahmen der eingangs beschriebenen Reihe zu ‚Geodreieck und Zirkel' wurden diese zu Beginn unter den Überschriften ‚Das wissen wir schon.', ‚Das wollen wir wissen.' und ‚Ideen für unsere Ausstellung' auf Plakaten gesammelt. Zum Ende der Reihe wurde dann das auf den Plakaten Notierte wieder aufgegriffen: Es wurde abschließend gemeinsam überprüft, ob alle Fragen beantwortet worden waren, und die gefundenen Antworten wurden zu den gestellten Fragen geschrieben. Auch wurde erhoben, welche Ideen für die Ausstellung berücksichtigt werden konnten.

Ein Plakat machen
auf dem man erklärt
wie man mit
den Zirkel oder
andere Sachen
umgeht

Wie kann
man einen
regelmäßigen
5-Stern mit
hilfe von einem
Geodreick zeichnen?
Man kann das aus
messen mit den
Winkeln am Geo-
dreick.

Du siehst dir von der
Mitte aus linien
mit den gleichen
Abstand

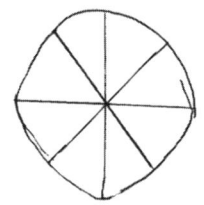

Wie man einen Kreis ohne
Zirkel zeichnen kann.

Wir könnten auch erklären
wie man Muster mit
Lineal, Zirkel und Geo-
dreieck macht.

Oder erklären wie
man einen kreis ohne
Zirkel macht.

Wir überlegen uns
Knobelaufgaben und die
Gäste knobeln dann.

Themenplakat

Statt Themenblätter an einer Themenleine auszuhängen, kann man den
Kindern auch den altersangemessen formulierten Ablauf der geplanten
Reihe als Blattkopie geben, den diese dann in ihrer Mathematikmappe ab-
heften. Das hat zwar den Nachteil, dass Modifikationen nicht so leicht vorgenommen werden können, aber den Vorteil, dass nicht nur die Kinder,
sondern auch die Eltern detaillierte Einblicke in die behandelten Inhalte erhalten können.

Diese Auflistung sollte als Themenplakat auch sinnvollerweise großfor-
matig in der Klasse aushängen, um hier immer wieder visualisieren zu können, an welcher Stelle des Lernprozesses sich die Kinder befinden (sollten).
Im folgenden Beispiel wurde ein Themenplakat an der Klassenzimmertür
ausgehängt, das einen Überblick über die Behandlung des kleinen Einmaleins gab. Nach erfolgreicher Bearbeitung einzelner Teilaufgaben konnten
die Kinder sich hier als Experten eintragen und standen somit den Kindern
zur Verfügung, die noch Fragen zu diesen Aufgaben hatten.

Die Sternchen-Aufgaben gehörten im Übrigen nicht zum Standardstoff,
sondern waren ein Zusatzangebot. Unten rechts wurde eine Kopie des so
genannten Einmaleinspasses ausgehängt, den die Kinder nach erfolgrei-
chem Bestehen der Zwischen- und der Abschlussprüfung erhielten (vgl.
Kap. 3.3).

Themenplakate sind nicht nur für Unterrichtsreihen, sondern auch für
längerfristige Lernprozesse ein u. E. wichtiges Orientierungsmittel sowohl
für die Kinder als auch für die Lehrpersonen und – sofern sie über Einsicht
in eine Kopie verfügen – in gewissem Rahmen auch für die Eltern. Am Beispiel eines ‚Blitzrechenposters‘ wollen wir dieses verdeutlichen.

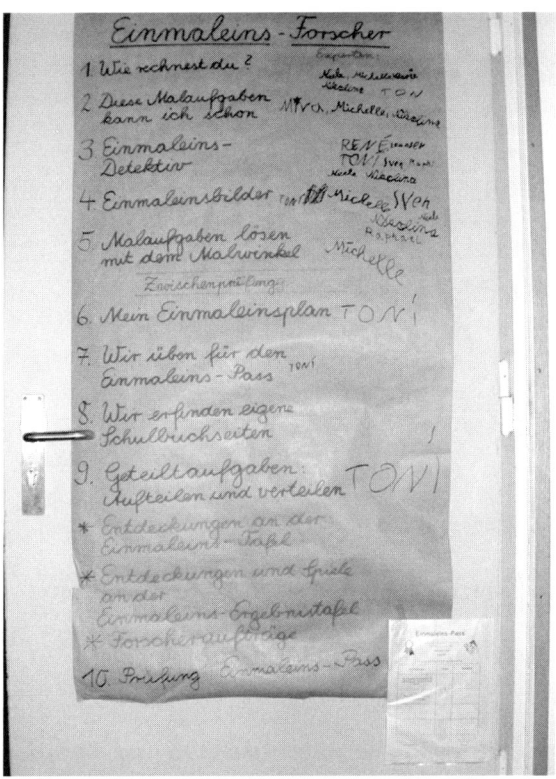

Im nächsten Beispiel erstellte die Lehrerin für ihre Erstklässler ein Poster im DIN-A2-Format, das im Klassenzimmer ausgehängt wurde. Zudem erhielten die Eltern und die Kinder jeweils eine Version im DIN-A4-Format. Neben dem Namen der jeweiligen Übung wurden zur Illustration auch die dem Schulbuch entnommenen bildlichen Darstellungen verwendet (vgl. WITTMANN/MÜLLER 2004). In der letzten Spalte wurde jeweils angegeben, auf welchen Seiten die einzelnen Übungen dort vorkamen.

Ergänzend sind hier auch entsprechende Verweise auf Arbeitshefte oder sonstige Übungsmaterialien denkbar. So wissen Kinder und Eltern, wo Übungsmaterial gefunden werden kann bzw. ab wann das Üben einer dieser Grundfertigkeiten zu Hause bzw. in der Schule verbindlich wird.

Ein Blitzrechenposter kann aber nicht nur der Transparenz dienen, sondern auch zur Motivation im Übungsprozess herangezogen werden. Schließlich kann nach Beherrschung aller aufgelisteten Anforderungen der Blitzrechenpass erworben werden (vgl. Kap. 3.3).

Aus: *Wittmann/Müller (2004):*
Das Zahlenbuch, Schülerbuch 1.
Klett: Leipzig.

Kinder-Ziele

Wie durch das Blitzrechenposter zum Ausdruck kommt, sollten Kinder nicht nur auf einzelne Unterrichtseinheiten beschränkt, sondern auch in größeren Lernzusammenhängen Transparenz über Ziele des Unterrichts und damit auch über wesentliche Grundlagen der Leistungsbeurteilung erlangen können.

Als weiteres Instrument hierzu stellen wir daher die so genannte Checkliste vor, die aus einer Auflistung von Kinder-Zielen besteht.

Dabei handelt es sich um adressatenbezogene Umformulierungen der Vorgaben aus Bildungsstandards oder Lehrplänen. Mit deren Hilfe kann das Kind überprüfen (checken), über welche Kompetenzen es schon verfügt, und Klarheit darüber gewinnen, welche es noch erwerben muss.

Im folgenden Beispiel werden die verbindlichen Anforderungen angegeben, die die Kinder in Nordrhein-Westfalen am Ende von Klasse 4 erreichen sollen (vgl. MSJK 2003, S. 85 ff.). Die Checkliste wurde zu Beginn des Schuljahres ausgeteilt und besprochen („Das ist das, was wir im 4. Schuljahr behandeln werden.").

Die Kinder-Ziele wurden entlang der zu erwerbenden inhaltsbezogenen Kompetenzen – unterteilt in Arithmetik, Geometrie und Sachrechnen –, der prozessbezogenen Kompetenzen und der Einstellungen aufgelistet. In der letzten Spalte konnten die Kinder zum Abschluss des diesbezüglichen Lernprozesses durch ein Häkchen oder ein Kreuzchen deutlich machen, dass sie ihres Erachtens über die entsprechenden Kompetenzen verfügten.

Voraussetzung hierzu war allerdings, dass die Lehrerin für die Kinder nachvollziehbar festgelegt hatte, wann dieses der Fall war (vgl. dazu etwa Kap. 3.3). Diese Entscheidung, ein Kreuzchen zu machen, sollte den Kindern u. E. nicht allein überlassen werden, denn es handelt sich nicht um eine freie Selbstbeurteilung (vgl. 4.3), sondern im Wesentlichen um eine wichtige Orientierung für die Mitgestaltung des eigenen Lernprozesses.

	Checkliste Mathematik im 4. Schuljahr	
Rechnen	Ich kenne mich im Millionraum gut aus: Ich kann Zahlen schreiben, lesen, darstellen, einordnen …	
	Ich besitze den Blitzrechenpass für das vierte Schuljahr.	
	Ich kann im Kopf und halbschriftlich rechnen; ich kenne verschiedene Strategien und benutze Rechenvorteile.	
	Ich verstehe, wie die schriftlichen Rechenverfahren funktionieren, und kann so sicher addieren, subtrahieren und multiplizieren.	
	Ich weiß, wann genaues Rechnen nicht nötig oder nicht möglich ist, und kann überschlagen.	
	Ich überlege erst, wie ich rechne; dann benutze ich manchmal den Taschenrechner, wenn er mir beim Rechnen helfen kann.	
Geometrie	Ich kenne wichtige Eigenschaften von Formen (wie Dreieck, Rechteck, Quadrat, Kreis) und von Körpern (wie Würfel, Quader, Kugel) und kann sie herstellen.	
	Ich kann Figuren zerlegen und zusammensetzen, sie verkleinern und vergrößern, ihren Umfang und ihren Flächeninhalt angeben.	
	Ich kann räumliche Beziehungen (wie vor und hinter) erkennen, beschreiben und anwenden; ich kann mir einfache Bewegungen im Kopf vorstellen.	
	Ich kann mit dem Spiegel umgehen, in Figuren Spiegelachsen finden, symmetrische Figuren zeichnen und in der Umwelt entdecken.	

	Ich kann mit Geodreieck, Lineal und Zirkel Strecken, Figuren und Muster sauber zeichnen und genau abmessen.
Sach- rechnen	Ich kenne die Grundeinheiten für Länge, Zeit, Geld, Gewichte und Rauminhalte, kann zwischen ihnen umwandeln und mit ihnen einfache Rechnungen ausführen.
	Ich kann mir unter wichtigen Grundeinheiten (z. B. 1 m, 1 kg, 10 l) etwas vorstellen und diese Vorstellungen nutzen, um Aufgaben zu lösen.
	Ich kann Zahlen und Informationen aus meiner Umwelt (zum Beispiel aus der Zeitung) und aus Diagrammen oder Tabellen entnehmen und mit ihnen rechnen; ich kann Tabellen erstellen.
	Ich kann Sachaufgaben bearbeiten und überprüfen, ob mein Ergebnis stimmen kann.
Forschen	Ich kann Aufgaben erforschen, Zusammenhänge erkennen und anwenden, eigene Lösungswege gehen und Aufgaben selbst erfinden.
	Ich kann meiner Umwelt wichtige mathematische Informationen entnehmen und mir einen Lösungsweg überlegen; ich kann sagen, was die Ergebnisse mit meiner Umwelt zu tun haben, wenn ich die Aufgabe gelöst habe.
	Ich kann beschreiben, was mir bei Forscheraufgaben auffällt, und begründen, warum das so ist.
	Ich kann meine Gedanken mündlich oder schriftlich so ausdrücken, dass andere sie verstehen können.
	Ich kann zusammen mit anderen Aufgaben bearbeiten und dabei Verabredungen treffen und sie einhalten.
Ich und Mathe	Ich mache gerne Mathematik und arbeite regelmäßig mit.
	Ich interessiere mich für Mathe-Aufgaben, auch wenn sie schwieriger sind.
	Ich kann konzentriert und genau arbeiten.
	Ich gebe nicht sofort auf, wenn ich den Lösungsweg nicht kenne.

Um zu verdeutlichen, wie aus Aussagen von Lehr-/Bildungsplänen bzw. Bildungsstandards Kinder-Ziele werden können, haben wir in der unten stehenden Tabelle exemplarisch einige der Lehrplanaussagen aufgenommen und jeweils rechts daneben stehend Formulierungen, die nach unserer Erfahrung für die Kinder verstehbar sind.

,Verstehbar' bedeutet dabei nicht dasselbe wie ,unmittelbar verständlich'. Was sich hinter den Formulierungen verbirgt, verstehen die Schülerinnen und Schüler nicht immer durch das Wort allein, sondern vermutlich am besten durch unterstützende Beispiele.

Des Weiteren sollten Kinder-Ziele an passenden Stellen immer wieder in den Unterricht einbezogen und an Beispielen verdeutlicht werden.

Lehrplanaussagen	Kinder-Ziele
gesicherte Vorstellungen von Zahlen und Zahlbeziehungen im Zahlenraum bis zu 1.000.000 sowie vom Aufbau des Zehnersystems besitzen	*Ich kenne mich im Millionraum gut aus: Ich kann Zahlen schreiben, lesen, darstellen, ein-'ordnen, ...*
auf der Grundlage gedächtnismäßig verfügbarer Grundkenntnisse (1 + 1, 1 × 1) über Sicherheit im schnellen Rechnen – auch mit großen Zahlen – verfügen	*Ich besitze den Blitzrechenpass für das vierte Schuljahr.*
auf der Basis von Grundvorstellungen der vier Grundrechenarten verständig und unter Ausnutzung von Zahlbeziehungen, Rechengesetzen und Rechenvorteilen mündlich und halbschriftlich rechnen können	*Ich kann im Kopf und halbschriftlich rechnen; ich kenne verschiedene Strategien und benutze Rechenvorteile.*

Bei der Formulierung der Kinder-Ziele haben wir darauf geachtet, einfache Wörter und kurze Sätze zu verwenden, konkrete, vertraute Begriffe und Formulierungen zu benutzen und die Kinder direkt anzusprechen (vgl. BERGK 1987). Das unterstützt die positive Begleiterscheinung, dass Eltern die Kinder-Ziele häufig besser verstehen können als die normalen Lehrplanformulierungen.

So kann ihnen diese Liste – beispielsweise auf dem ersten Elternabend im Schuljahr oder in Elterngesprächen – ausgehändigt werden, um anhand von Beispielaufgaben zu verdeutlichen, was die Kinder im Verlauf des Schuljahres lernen sollen. Insbesondere können die Eltern erfahren, dass es im Mathematikunterricht eben nicht primär ums Rechnen geht, sondern auch um die Geometrie und um das Sachrechnen, und dass die prozessbezogenen Kompetenzen und die Einstellungen zur Mathematik von zentraler Bedeutung sind (vgl. auch Kap. 5).

Wir denken des Weiteren, dass Kinder-Ziele vor allem auch den fachfremd unterrichtenden Lehrerinnen und Lehrern als Hilfe bei der Erstellung eines Stoffverteilungsplans oder ganzen Kollegien als Unterstützung bei der Aufstellung von schulinternen Arbeitsplänen dienen können.

In den Fällen, in denen sich eine Liste mit Kinder-Zielen – insbesondere für jüngere Kinder – als zu umfangreich erweist und daher nicht die gewünschte Orientierungsfunktion hat, plädieren wir für einen behutsamen Einsatz. So könnten die Arithmetik-Ziele mit den Kindern besprochen werden und für einige Wochen im Vordergrund stehen, bevor zu einem späteren Zeitpunkt Geometrie-Ziele, Ziele für das Sachrechnen oder prozessbezogene Ziele stärker ins Zentrum gerückt werden. Zur Transparenz und zur Ermöglichung visueller Anknüpfungen während des Unterrichts haben wir die Kinder-Ziele auch als vergrößerte Kopie über dem Mathe-Tisch bzw. in der Mathe-Ecke des Klassenzimmers ausgehängt.

Wie bereits erwähnt, erhielt jedes Kind zudem eine eigene Liste, auf der es durch Ankreuzen seinen Leistungsstand festhalten kann. Andere Möglichkeiten, Lernstände zu dokumentieren, bietet die Nutzung von Zielscheiben oder Smileys (vgl. Kap. 4.3) oder auch der Beispielausschnitt aus folgender Liste, in der Lisa ihre Lernfortschritte durch das Wachsen des Balkens besonders gut deutlich machen konnte (vgl. Hilf/Lack 2004).

Ich kenne mich im Millionraum gut aus: Ich kann Zahlen schreiben, lesen, darstellen, einordnen ...	
Ich besitze den Blitzrechenpass für das vierte Schuljahr.	
Ich kann im Kopf und halbschriftlich rechnen; ich kenne verschiedene Strategien und benutze Rechenvorteile.	
Ich verstehe, wie die schriftlichen Rechenverfahren funktionieren und kann sicher addieren, subtrahieren und multiplizieren.	

Denkbar ist es auch, die Checkliste nicht nur mit einer, sondern mit mehreren Spalten zu versehen, in die die Kinder zu unterschiedlichen Zeitpunkten mit hinreichendem Abstand, die auch in die Kopfzeile eingetragen werden (z. B. 25.09., 18.12. usw.), ihre jeweiligen Einschätzungen bezüglich ihres Lernstandes abgeben.

Für jüngere Kinder der ersten beiden Schuljahre sind die bei den Kinder-Zielen verwendeten Formulierungen möglicherweise zu schwer verständlich. Wir haben hier die Erfahrung gemacht, dass es dann aber nicht sinnvoll ist, gänzlich auf eine Auflistung zu verzichten, diese aber eher inhaltsbezogen auszurichten, zum Beispiel:

* Zahlen bis 20
* Plus rechnen bis 20
* Minus rechnen bis 20
* Verdoppeln
* Halbieren
* usw.

Lernlandschaften

Eine andere Form der Transparenz besteht darin, den Kindern eine Übersicht über die verbindlich zu lernenden Inhalte in Form von so genannten Lernlandschaften an die Hand zu geben und dort durch Hinweise auf Möglichkeiten der Individualisierung einzugehen. Dieses scheint insbesondere in solchen Klassen hilfreich zu sein, in denen die Kinder Lernpensen unter Bereitstellung von ergiebigen und konzeptionell gut aufeinander abgestimmten Lernumgebungen und Materialien weitgehend selbst gesteuert absolvieren.

In einer Schweizer Schule beispielsweise bestand diese mathematikdidaktische Absicherung im Unterrichtswerk „Das Zahlenbuch". Dazugehörige Lernlandschaften hingen am Arbeitsplatz jedes Kindes; sie könnten aber genauso gut in eine Prospekthülle gelegt werden und das Deckblatt der „Mathemappe" bilden.

Lernlandschaften veranschaulichen in Form von verschiedenen Wegen durch eine ‚Landschaft' das „Lernpensum" eines Schuljahres. Neben der ‚Pflicht'-Hauptstrasse und den obligatorischen Blitzrechenfertigkeiten (B1 bis B 10) bieten sich den Lernenden Nebenwege und Inseln, die sie individuell ‚begehen' können. Dadurch wird eine innere Differenzierung gewährleistet, und alle Beteiligten haben durch das Einfärben der betretenen Lernfelder einen Ein- und Überblick über den persönlichen Lernweg.

So können Lernfortschritte sichtbar gemacht werden, was zum Weiterlernen motivieren kann (http://www.tagesschulebruenigen.ch/konzept.htm).

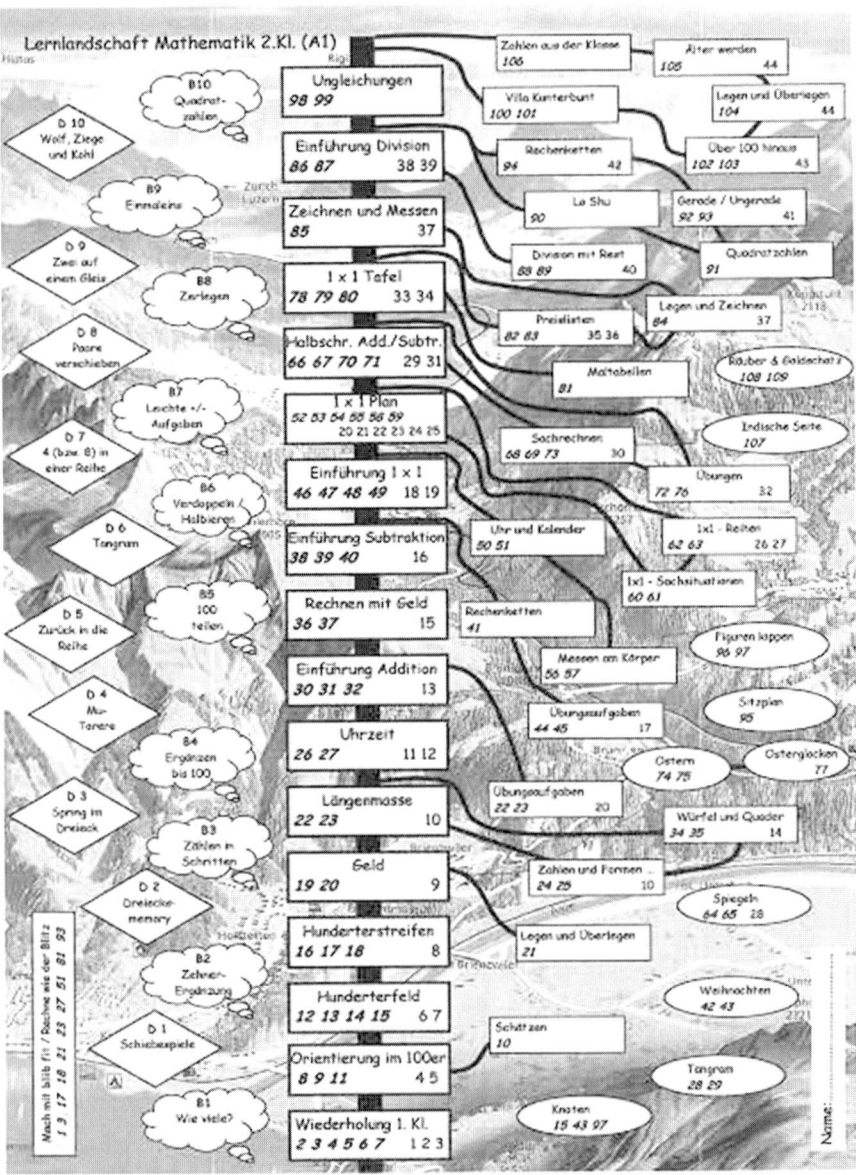

4.2 Kinder dokumentieren

In diesem Abschnitt beschreiben wir, wie Kinder Transparenz dadurch erlangen können, dass sie ihr eigenes Lernen dokumentieren und so zu Einschätzungen darüber kommen, was sie bereits können und was sie noch lernen müssen. Die meisten dieser Dokumente sind zudem auch an die Lehrerin adressiert und bilden so informative Grundlagen zur Einschätzung der Leistungen. So beschreiben wir im Folgenden *Lernberichte* und *Lerntexte*, stellen das Konzept der *Lernwegebücher* dar und gehen etwas näher auf Portfolios – oder wie wir sie nennen wollen – *Sammelmappen* ein.

Lernberichte

Zum Beispiel im Zusammenhang mit schriftlichen Standortbestimmungen (Kap. 3.1) bietet es sich an, dass die Kinder Lernberichte erstellen, aus denen hervorgeht, inwieweit sie nach eigenem Dafürhalten bestimmte Teilkompetenzen bereits beherrschen. Lernberichte sollten so angelegt sein, dass Grundschüler sie leicht verstehen bzw. bearbeiten können und die Lehrerin sie schnell auswerten kann.

Das folgende Beispiel stammt aus einem zweiten Schuljahr. Die Kinder hatten über einige Unterrichtsstunden hinweg in einem Stationsheft zur

Lernbericht Stationsheft „Hundertertafel"

Hundertertafel gearbeitet, das aus Kopien von Arbeitsblättern bestand, die in einer für die Kinder nachvollziehbaren Weise sechs verschiedenen Grundaufgaben zugeordnet wurden. Diese wurden in einer Tabelle angeführt, und die Schülerinnen und Schüler gaben durch das Einzeichnen von (Nicht-)Treffern auf einer Zielscheibe an, wie gut sie ihres Erachtens den entsprechenden Aufgabentyp beherrschten.

Begleitend wurde an der Seitentafel ein großformatiger Lernbericht ausgehängt, in den sich die Kinder als Experten- bzw. Helferkinder eintrugen, die sich nach der Bearbeitung der entsprechenden Aufgaben in einer der Grundkompetenzen sicher fühlten.

Dass Expertenkinder vorgesehen waren, hing mit dem zugrunde liegenden Motto der Unterrichtsorganisation zusammen: ‚Wenn du nicht weiterweißt, frage zunächst dich selbst, dann ein Expertenkind und erst dann die Lehrerin.' So wurde zum einen die Lehrerin entlastet und gewann Zeit für individuelle Beobachtung und Förderung. Zum anderen wurde der Unterricht weniger lehrerzentriert, und die Kinder übernahmen ein Stück der Verantwortung für das Gelingen des Lehr-/Lernprozesses.

Es trugen sich auch schwächere Schüler als Experten für bestimmte Aufgaben ein. Nicht immer deckte sich deren Einschätzung mit dem nicht so positiven Urteil der Lehrerin, aber es gab andererseits auch Fälle, in denen diese erkannte, dass ein Kind in bestimmten Bereichen über unerwartete Kompetenzen verfügte. Darüber hinaus halten wir es für unerlässlich, dass die Lehrerin dieses zulässt, um allen Kindern ein lernförderliches Miteinander zu ermöglichen.

Unsere Erfahrung ist: Werden Lernberichte nicht übermäßig oft, aber mit einer gewissen Regelmäßigkeit ausgefüllt, lernen die meisten Schülerinnen und Schüler, sich selbst zunehmend besser einzuschätzen, insbesondere dann, wenn die Lehrerin ihnen anschließend eine kurze mündliche oder schriftliche Rückmeldung gibt.

Diese kann im Übrigen – nicht zuletzt auch aus arbeitsökonomischen Gründen – mit Hilfe einer Ankreuztabelle erfolgen, wie aus dem folgenden Beispiel ersichtlich wird, bei dem Kinder eine Expertenarbeit (vgl. Kap. 6.3) zum Thema „Mathespiele" anfertigten und zum Schluss um eine Einschätzung zu verschiedenen Punkten gebeten wurden. Aus der Abbildung wird auch ersichtlich, dass die Lehrerin die Kommentarzeilen auch für ihre eigene Rückmeldung nutzte (vgl. Kap. 8).

Expertenarbeit „Mathespiele"
– 27. September bis 8. Oktober 2004 –

Experte: *Katrin*

Team-Mitglieder: *Susan, Maik, Lukas, Glen, Gubet Katrin*

1. Wählt ein Spiel aus. Das Spiel heißt: *10 gewinnt*
2. Lest die Spielregeln und probiert das Spiel aus
3. Überlegt in der Gruppe: Was ist euch aufgefallen? Was ist der Trick des Spiels?
4. Schreibt einen *Forscherbericht*.
   Was ist der Trick des Spiels? Welche Tipps könnt ihr geben? **Denkt daran**: Einen Tipp zu geben, heißt nicht, die ganze Lösung zu verraten!
5. Geht in die Mathekonferenz.
   Eine andere Gruppe spielt dort euer Spiel. **Prüft**: Helfen eure Tipps oder müsst ihr sie noch einmal überarbeiten?

Lernbericht

Das möchte ich	So schätze ich meine Leistungen ein			So schätzt deine Lehrerin deine Leistungen ein		
	Das kann ich gut	Das kann ich fast gut	Das muss ich noch lernen	Das kannst du gut	Das kannst du fast gut	Das musst du noch lernen
Ich kann mich an die Regeln der Gruppenarbeit halten: • ich kann andere Kinder ausreden lassen, • ich kann eine Rolle übernehmen und einhalten	X			X		
Ich kann Spielregeln ohne Hilfe erlesen und verstehen.	X			X		
Ich kann Tricks erkennen: Ich kann schlau spielen: Ich denke erst und spiele dann.	X				X	
Ich arbeite immer mit, um • den Trick herauszufinden • den Trick aufzuschreiben • Tipps aufzuschreiben	X			X		

Das möchte ich noch sagen: *Unsere Gruppe war sehr gut, wir hatten nette Mitspieler und meine Oma fand das Spiel auch sehr gut.*

Liebe Katrin! Du hast mit deiner Gruppe toll zusammen gearbeitet. Du hast auch bei 12 und 20 gewinnt die Gewinnzahlen herausgefunden, für unser Fest schöne Dekorationen gebastelt und unseren Gästen die Spielregeln gut erklärt. Prima! ☺

Eine offenere Variante von Lernberichten besteht darin, die Metapher der Lernschritte zu nutzen und wie in einem Cluster rund um die Zeichnung eines Fußes diejenigen Punkte zu notieren, die das Kind nach eigener Einschätzung gelernt hat.

Lerntexte

Lern*berichte* sind – aufgrund der Nutzung tabellarischer Übersichten bzw.
von Stichworten – relativ kurz gehalten und daher vergleichsweise schnell
verfasst und zur Kenntnis genommen. Eine individueller angelegte, auf-
wändigere und dadurch auch vielfach informativere Form stellen Lern*texte* dar, bei denen die Kinder gebeten werden, in der Regel im Rückblick über
einen längeren Unterrichtsabschnitt zu berichten.

Lesen schreiben Malendas-
ABC dizalen Knobel PLUS
MiNus An der Freiarbeit Habe-
ich Gelernt ich HaBe das Buch -
Gelernt Ich Habe Sprache-
Gelernt Uberdi tire Gelernt

ich Habe lider Gelert ich HAb-
e di Eins PLUS Eins Tafel Ge-
Lernt UNd ich Has in 100 raUm Ge-
ABeitet Ich Habe an der tAuse-
nter Kete Ge ABeitet mit Richat -
Und Padipat

Dass dieses bereits am Ende des 1. Schuljahres möglich ist, verdeutlicht das obige Beispiel von Jonas. Der folgende, natürlich stärker elaborierte Text entstammt einem dritten Schuljahr und beschreibt eine Unterrichtseinheit zur halbschriftlichen Addition und Subtraktion im Zahlenraum bis 1000. Die Kinder hatten ein so genanntes Rechentagebuch erstellt, in dem verschiedene Rechenwege und ihre Besonderheiten vorgestellt wurden. Dieses wurde u. a. den Eltern präsentiert, und jedes Kind schrieb dazu einen Begleitbrief (vgl. SUNDERMANN/SELTER 1995), der zur Information der Eltern dienen sollte. Aus der Sicht der Lehrerin erfolgte das Verfassen dieses Textes, damit sich die Kinder ihrer eigenen Lernwege noch einmal bewusst wurden.

> Liebe Eltern der Klasse 3!
> Wir haben ein Rechentagebuch entwickelt. Wir haben sehr wille Blätter gramelt. Die lösung war einfach wir haben den Rechentreifen dazu benutzt. zum Beispiel!
> 275 + 155 = 430
> so geht der Rechenstreifen. Wir haben auch Blätter bekommen wo wir eine Plus oder minus aufgabe hin schreibe sollen und jemand hat sie glöst. Dann haben die beiden Kinder die Aufgabe verglichen. Wir haben wie echte Experten gearbeitet.
> jetzt werden wir das Rechentagebuch der Klasse 2 überreichen.
> Mir, hat das spaß gemacht.
> Patrizia

Denkbar sind solche Lerntexte nicht nur im Zusammenhang mit längeren Unterrichtseinheiten, sondern auch beispielsweise nach der Bearbeitung eines Wochenblattes (vgl. dazu Kap. 6.1).

Was meinst du, was du bei diesem Wochenblatt lernen konntest?

(Was hast du geübt? Welche Rechentricks hast du gelernt und benutzt?)

Ich habe gelernt, Mathetricks anzuwenden. Ich habe Rechentricks geübt. Meine Rechentricks waren aufzurunden und abzurunden, bis zum glatten HZE !!!!!!!

Das Ausfüllen eines Lernberichts kann auch mit der Aufforderung, einen kleinen Lerntext zu verfassen, kombiniert werden. Im Anschluss an den Lernbericht zur Orientierung an der Hundertertafel (s. o.) wurden die Kinder gebeten, kurze Lerntexte zu den Punkten ‚Das habe ich gelernt', ‚Dabei hatte ich Schwierigkeiten' und ‚Das möchte ich noch sagen' zu schreiben.

✎ Das habe ich gelernt: *Nachbarzehner benennen Fehlende Zahlen finden Vorgänger und Nachfolger benennen*

✎ Dabei hatte ich Schwierigkeiten:

Wege finden

✎ Das möchte ich noch sagen (Fragen, Ideen, Wünsche zum Matheunterricht...):

das dein Mate gut

✎ Das habe ich gelernt:

es war ein bischen schwitrira

✎ Dabei hatte ich Schwierigkeiten:

mit ben Hoch und ronter

✎ Das möchte ich noch sagen (Fragen, Ideen, Wünsche zum Matheunterricht...):

Ich mag mich so mate

✎ Das habe ich gelernt: *ich habe gelernt richtig dolen spas zu haben wen man etwa was gelernt hat*

✎ Dabei hatte ich Schwierigkeiten: *eigentlich hate ich garkeine schwirigkeiten*

✎ Das möchte ich noch sagen (Fragen, Ideen, Wünsche zum Matheunterricht...):

ich wünsche uns noch ein schönes 2. Schuljahr

Manchmal fällt es insbesondere jüngeren Kindern nicht leicht, einen freien Text über ihr eigenes Lernen zu verfassen. Dann kann es hilfreich sein, diesen an eine bestimmte Aufgabenstellung zu knüpfen.

Im folgenden Beispiel haben Viertklässler zum Thema „Rechengeschichten" gearbeitet. Sie bekamen zum Vergleich eine selbst erfundene Rechengeschichte aus dem Vorjahr (zum Thema Hexen) vorgelegt, um erkennen zu können und festzuhalten, welche Lernfortschritte sie im Verlauf des Schuljahres gemacht hatten.

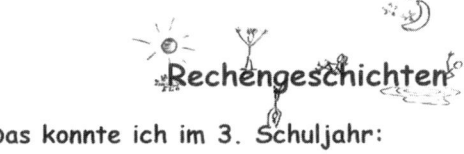

Rechengeschichten

Das konnte ich im 3. Schuljahr:

Hexe Lilli hat Geburtstag

Am Nachmittag kommen 3 Freundinnen zu Lillis Geburtstagsfeier.

Zulenda und Zuldra kommen um 15 Uhr. Lilli freut sich. Sie bekommt von

Zuldra 5 Geschenke und von Zulenda 5 mal so viele. Um 16 Uhr

kommen Lenele und Lisnaldin noch. Alle feiern bis um 23 Uhr.

Laura

In dieser Rechengeschichte konnte ich
schon mal rechnen. Ich ● habe nur bis Hundert
gerechnet. In der Geschichte sind nur leichte
plus Aufgaben. Mehr konnte ich noch
nicht.

Manchmal kann es auch für die Kinder hilfreich und für die Lehrerin informativ sein, wenn die Schülerinnen und Schüler nicht nur zum Abschluss, sondern auch während der unterrichtlichen Behandlung eines Themas über den Lehr-/Lernprozess nachdenken. Die Kinder werden sich klar über das, was sie schon erreicht haben, und über das, was noch vor ihnen liegt. Zudem können sie auch die Schwierigkeiten notieren, die ihnen möglicherweise begegnet sind, oder Hilfen anführen, die sie sich wünschen würden. Auch zukünftige Zielsetzungen und Lernschritte können hier eingetragen werden. Für die Lehrperson liefern solche Zwischenberichte interessante Informationen über den Erfolg des vergangenen Unterrichts und über erforderliche individuelle Fördermaßnahmen – nach ‚unten' wie nach ‚oben'. Das Beispiel zeigt einen Lerntext, der als Zwischenbericht verfasst wurde und im Rahmen der bereits beschriebenen Unterrichtsreihe zum Thema „Geodreieck und Zirkel" entstand (vgl. Kap. 4.1).

Was hast du bisher alles erreicht?
Ich habe mit dem Zirkel viele Muster ~~~ herstellt

Was könntest du in der Mathekonferenz schon vorstellen?
~~ Muster das ich schon gemalt habe kann ich vorstellen.

Welche Probleme haben sich ergeben?
Manchmal ist was schief gegangen.

Was brauchst du, um weiter zu kommen?
Mehr Arbeitsblätter zum Malen und eine CD Rom mit Mandalas die man sich anschauen kann und dann selbst malen muss mit Zirkel, Geodreieck und Linial.

Welche Ideen hast du für unsere Ausstellung?
Wir können ja ~~~ die kinder die Bilder gemalt haben können sie ja vorstellen

Lernwegebücher

Lernwegebücher stellen eine weitere Möglichkeit dar, den Lehr-/Lernprozess zu dokumentieren. Die Kinder sammeln in ihnen ihre Arbeitsprodukte und beschreiben bzw. reflektieren darin ihren eigenen Lernprozess, indem sie notieren, was sie an bestimmten Tagen gemacht bzw. gelernt haben.

Wir verwenden trotz der sicherlich vorhandenen konzeptionellen Nähe nicht den Begriff ‚Lern*tage*buch' (GALLIN/RUF 1998), da ein Tagebuch in der

Regel etwas Privates ist. Da in unserem Zusammenhang die Eintragungen aber auch für öffentliche Prozesse – also etwa für Reflexionsphasen im Klassenverband – genutzt werden sollen, sprechen wir von Lern*wege*büchern.

Es hat sich als hilfreich erwiesen, für das Lernwegebuch ein selbst gestaltetes Heft bzw. eine Kladde zu verwenden, um den Grad der Identifikation mit dem Geschriebenen und des sorgfältigen, gewissenhaften Umgangs mit diesem Instrument zu erhöhen. In einem Lernwegebuch kann Geschriebenes nicht einfach ausgeheftet und weggeworfen werden. Der beschrittene Lernweg bleibt augenfällig präsent.

Das vorliegende Beispiel gibt einen Ausschnitt aus einem Lernwegebuch der Viertklässlerin Hannah wieder. Dieser entstand während einer fächerübergreifenden Unterrichtsreihe zum Thema „Piraten".

17.11.04
Heute habe ich leider nichts herausgefunden. Aber ich habe Matrialien bekommen, mit den man Rechnen kann. Leider konnten wir nicht mehr anfangen.

19.11.04
Heute haben Mike und ich Knoten gehnotet. Ich weiss jetzt wie der Fischerknoten geht und viele andere habe ich auch gelernt.

22.11.04
Heute haben wir die Rechengeschichten ausgerechnet. Sie waren leicht fande ich. Warum? Weil die Zahlen sehr klein waren.

Da einige Kinder anfangs sicherlich Schwierigkeiten beim Verfassen solcher Texte haben, bietet es sich nach unserer Erfahrung an, ihnen einige leitende Gesichtspunkte an die Hand zu geben (in Anlehnung an KASPER/LIPOWSKY 1997), wie etwa:

- Schreibe das Datum auf!
- Was hast du heute gemacht?
- Welche Entdeckungen hast du gemacht?
- Wie bist du vorgegangen?
- Was hast du heute gelernt?
- Was hat dir gefallen? Was hat dir nicht gefallen?
- Hattest du Probleme? Welche? Wie hast du dir geholfen?
- Hast du mit anderen Kindern zusammengearbeitet? Mit wem? Wie hat es geklappt?
- Bist du mit deiner Arbeit zufrieden? Warum?
- Welche Wünsche oder Ideen hast du für die Weiterarbeit?
- … (Themenbezogenes)

BARTNITZKY (2004a, 7 f.) unterscheidet in diesem Zusammenhang drei qualitativ unterschiedliche Reflexionsstufen bei solchen Einträgen, freilich nicht ohne darauf hinzuweisen, dass diese Kategorisierung sich auf das Schreibprodukt bezieht, nicht auf die möglicherweise differierenden Gedanken im Kopf des Schreibenden:

- **Dokumentation:** Die Einträge beschränken sich auf die rein retrospektive Darstellung von Gedanken, Gefühlen oder Handlungen, z. B.: *Ich habe Malaufgaben mit dem Hunderterfeld geübt.*
- **Evaluation:** In den Einträgen wird der Lernprozess nicht nur dokumentiert, sondern auch bewertet, also etwa Lernfortschritte oder bestimmte Vorgehensweisen dargestellt und evaluiert, z. B.: *Ich habe Malaufgaben mit dem Hunderterfeld geübt. Die Quadratzahlen kann ich schon auswendig, die Aufgaben mit 7 und 9 muss ich noch üben.*
- **Analyse und Optimierung:** Aus der Evaluation des Lernprozesses werden Folgerungen gezogen. Ein Ausblick auf den weiteren Lernprozess wird vorgenommen, z. B.: *Ich habe Malaufgaben mit dem Hunderterfeld geübt. Die Quadratzahlen kann ich schon auswendig, die Aufgaben mit 7 und 9 muss ich noch üben. Ich übe sie jetzt mit dem Malplan.*

Ein dem Lernwegebuch nahe stehendes Konzept ist das der so genannten Portfolios, die wir in der Sprache der Kinder als Sammelmappen bezeichnen.

Sammelmappen

Künstler oder Designer arbeiten schon seit langem mit Mappen, um ihre besten Arbeiten zu präsentieren. Hier sind Portfolios als geeignetes Mittel zur Leistungsfeststellung und -beurteilung akzeptiert.

Übertragen auf die Schule, können die Kinder in einem Portfolio in zunehmendem Maße selbstständig Unterlagen zusammentragen, die ihr Lernen, ihre Fortschritte und ihre Anstrengungen für sich selbst und für andere dokumentieren (vgl. EASLEY/MITCHELL 2004; BRUNNER/SCHMIDINGER 2000). Portfolios können ganz unterschiedlich aussehen: Mappen, Hefter, Ordner, Schachteln oder Hängeregistraturen.

Portfolios sind nicht dasselbe wie Lernwegebücher. Während im Portfolio der Schwerpunkt auf der Zusammenstellung eigener Arbeitsprodukte liegt, geht es im Lernwegebuch im Wesentlichen um die Dokumentation und Reflexion des eigenen Lern*prozesses*. Lernwegebücher wachsen während des Lernprozesses und dokumentieren den gesamten Lernprozess, Sammelmappen entstehen in der Rückschau und enthalten eine Auswahl der entstandenen Produkte. Mischformen zwischen beiden Instrumenten sind natürlich denkbar.

Ein Portfolio ist also eine Materialsammlung, die Informationen über diejenige Person gibt, die es zusammengestellt hat. Zudem ist die Zusammenstellung des Materials selbst eine sinnvolle Aktivität, die die Lernenden zum Nachdenken über den eigenen Lernprozess und die eigenen Lernergebnisse anregt (vgl. PAULSON 1994). Durch das Sammeln und das Besprechen können Lehrende und Lernende gemeinsam den Kenntnisstand, die Lernbedürfnisse und die Lernprozesse analysieren. Portfolios können auch eine Grundlage für Gespräche anlässlich eines Kindersprechtags oder für Gespräche mit Eltern (und Kindern) sein (vgl. Kap. 8).

In ihre Sammelmappe können Kinder nun Unterschiedliches aufnehmen, speziell auf die Mathematik bezogen etwa:
- Erfindungen (Rechenaufgaben, Rechengeschichten),
- Beschreibungen von Rechenwegen,
- Bearbeitungen von komplexeren Aufgaben (z. B. von umfangreichen Sachtexten),
- besonders gut bearbeitete Arbeitsblätter,
- Lernberichte, Lerntexte,
- Pässe, Urkunden, Diplome,
- Forscheraufgaben.

Schülerinnen und Schüler müssen in der Regel erst lernen, mit einem Portfolio umzugehen. Sie müssen Erfahrungen damit gewinnen, selbst Material auszulesen und ‚kritisch‘ zu bewerten. Lehrerinnen und Lehrer sollten also ihre Aufgabe hier im Wesentlichen darin sehen, den Kindern bei der Gestaltung der Portfolios zu helfen, nicht darin, diese Zusammenstellung selbst vorzunehmen. Es kann eine Hilfe sein, wenn die Lehrperson vor Beginn der eigentlichen Portfolio-Arbeit einige gelungene Arbeitsproben einzelner Kinder sammelt. Diese *Muster*, anhand deren die Kriterien einer ‚guten‘ Arbeit im Gespräch mit den Kindern deutlich werden sollen, können auch fiktiv sein, sofern es ,der Sache dient'. Diese Kriterien für eine gute Sammelmappe können zur Transparenz ausgehängt werden, damit sie sowohl bei der Erstellung der Einzelprodukte als auch bei der Auswahl berücksichtigt werden können.

Man kann zudem die Kinder dazu anregen, einmal pro Woche etwas für das Portfolio auszuwählen und aufzuschreiben, warum sie dieses ausgewählt haben. Anfänglich sollte man hier jede Begründung („Weil es schön ist", „Weil es mir gefällt") akzeptieren, aber nach und nach auch die Ansprüche erhöhen.

Für weitere fachübergreifende Informationen zum Einsatz von Portfolios verweisen wir auf Hecker (2004).

4.3 Kinder beurteilen selbst

Zum Abschluss dieses Kapitels befassen wir uns mit Möglichkeiten, Selbstbeurteilungen von Schülerinnen und Schülern verstärkt in den Unterricht einzubeziehen. Grundsätzlich können die bereits im Kap. 4.1 vorgestellten Instrumente – wie Lernberichte oder Lerntexte – auch zur Selbstbeurteilung eingesetzt werden.

Andersherum ist es möglich, die im Folgenden angeführten Formen dazu zu verwenden, dass die Kinder mehr Transparenz über den vergangenen bzw. den zukünftigen Lernprozess erhalten können.

Mit den *Ankreuztabellen*, den *Kurzantworten* und den *Selbstzeugnissen* stellen wir drei verschiedene Formen vor, die sich durch verschiedene Grade von Offenheit unterscheiden. Wir denken, dass sie jeweils bestimmte Vorteile haben, und plädieren daher dafür, sie in einem ausgewogenen Verhältnis zum Einsatz zu bringen.

Ankreuztabellen

Eine relativ unaufwändige Form der Selbstbeurteilung stellen die so genannten Ankreuztabellen dar. Im folgenden Beispiel wurden die im ersten Halbjahr des vierten Schuljahres behandelten Inhalte unter der Überschrift „Das haben wir gemacht" aufgelistet und einige Aspekte des Arbeitsverhaltens unter der Überschrift „So habe ich gearbeitet" aufgeführt.

Die Kinder sollten ihre Einschätzung der eigenen Leistung auf einer dreistufigen Skala durch Ankreuzen verdeutlichen. Des Weiteren verfassten sie Kurztexte zu folgenden Aspekten:

- So schätze ich meine Leistungen in Mathematik insgesamt ein.
- Das gefällt mir gut in Mathe und sollte so bleiben, wie es ist.
- Das gefällt mir in Mathe nicht so gut und sollte sich ändern.

Mathe im 4. Schuljahr – 1. Halbjahr

von *Jessika*

1. Das haben wir gemacht	Das kann ich ...		
Blitzrechnen zu Plus und Minus	☺ X	☺	☹
schriftliche Addition	☺	☺	☹ X
schriftliche Subtraktion	☺	☺	☹ X
Aufgaben zu Gewichten	☺	☺	☹ X
Aufgaben zu Längen	☺	☺	☹ X
Expertenarbeit Mathespiele	☺ X	☺	☹
Rechentricks bei Plus und Minus	☺ X	☺	☹
Berichte (Was fällt dir auf? Warum ist das so?)	☺	☺ X	☹
Blitzrechnen zu Mal und Geteilt mit großen Zahlen	☺	☺	X ☹
Rechenwege für Mal und Geteilt mit großen Zahlen	☺	X ☺	☹
Mandalas	X ☺	☺	☹
Weihnachtsgeometrie (Sternen-Werkstatt)	X ☺	☺	☹
Millionbuch	☺	☺ X	☹
Millionreihe	☺	☺	X ☹
Stellentafel bis 1 Million	X ☺	☺	☹
Rechnen mit Tausendern wie mit Einern	☺	X ☺	☹
	☺	☺	☹
	☺	☺	☹
	☺	☺	☹

2. So habe ich gearbeitet	Ich habe ...		
... die Wochenblätter vollständig bearbeitet	☺	☺	X ☹
... die Wochenblätter pünktlich abgegeben	☺	☺	X ☹
... alle Hausaufgaben gemacht	☺ X	☺	☹
... zugehört und bin bei der Sache geblieben	☺	☺ X	☹
... mitgemacht und mich oft gemeldet	☺ X	☺	☹
... Aufgaben beim Blitzrechnen übernommen	☺	☺ X	☹
... mit den anderen gut zusammengearbeitet	X ☺	☺	☹
... Ordnung gehalten (im Heft und in der blauen Mappe)	X ☺	☺	☹
...	☺	☺	☹
...	☺	☺	☹
...	☺	☺	☹

3. So schätze ich meine Leistungen in Mathematik insgesamt ein: *ich finde ich muss noch sehr viel üben weil ich nicht so gut in Mathe bin oder mag Mathe*

4. Das gefällt mir in Mathe gut und sollte so bleiben, wie es ist: *Das fällt mir auf? Warum ist das so?*

5. Das gefällt mir in Mathe nicht so gut und sollte sich ändern: *keine Wochenblätter mehr die sind öde und blöde*
Meine Ideen: *viel mehr mit einer million rechnen*

Einige Kinder nutzten die Leerzeilen innerhalb der Tabelle und damit die Möglichkeit, z. B. beim Punkt „Arbeitsverhalten" eigene Beurteilungskriterien zu ergänzen.

Alternativ ist es auch möglich, eine *vier*stufige Beurteilungsskala zu verwenden, sofern sich bei den Kindern eine Tendenz zeigt, die mittlere Spalte besonders häufig anzukreuzen. In der Kopfzeile könnte es dann beispielsweise heißen: Das kann ich super. – Das ist in Ordnung. – Das kann ich (noch) nicht so gut. – Das muss ich (unbedingt) lernen/üben.

Das Beispiel zeigt eine Ankreuztabelle, in der auch die prozessbezogenen Kompetenzen der Kinder sowie deren Einstellungen und Haltungen erhoben wurden.

Auch im Rahmen von Klassenarbeiten (vgl. Kap. 7) ist es möglich, die Kinder zu bitten, ihre Leistungen bei den einzelnen (Teil-)Aufgaben selbst einzuschätzen.

So schätze ich mich bei den einzelnen Aufgaben ein:	☺	☺	☹
1) Zahlenketten:			
Ich konnte die Zahlenketten richtig ausfüllen.	X		
Ich habe viele Auffälligkeiten entdeckt und aufgeschrieben.	X		
Ich habe meine Entdeckungen verständlich ~~aufschreiben~~ erklärt.		X	
2) verschiedene Rechenwege			
Ich habe die Aufgaben ausrechnen können.	X		
Ich habe jeweils zwei Rechenwege nachvollziehbar notiert.		X	
3) Würfelgebäude			
Ich konnte die Würfelanzahl bestimmen.	X		
Ich habe meine Vorgehensweise verständlich aufgeschrieben.		X	
4) Schöne Minusaufgaben			
Ich konnte die Aufgaben richtig ausrechnen.	X		
Ich konnte drei weitere passende Aufgaben notieren.		X	
Ich habe viele Auffälligkeiten entdeckt und aufgeschrieben.		X	
Ich habe meine Entdeckungen verständlich ~~aufschreiben~~ erklärt.		X	

Analog ist der Rückmeldebogen der Lehrperson aufgebaut. So wird der Bezug für das Kind deutlicher, und die Lehrerin kann ihre Äußerungen für sich selbst und für das Kind klarer darauf beziehen: „So beurteilt deine Lehrerin deine Leistungen bei den einzelnen Aufgaben". Wir greifen diesen Punkt in Kap. 8 noch einmal auf.

So beurteilt deine Lehrerin deine Leistung bei den einzelnen Aufgaben:	☺	☺	☹	Kommentar
1) Zahlenketten.	X			
Du konntest die Zahlenketten richtig ausfüllen.	X			*Bei einer Zahlen... hast du dich verlan und bestimmt beim rechnen vergessen, dass das Erge... bis 300 statt 250 hast.*
Du hast viele Auffälligkeiten entdeckt und aufgeschrieben.	*bei der Aufgabe gemacht*		*musstest*	*du nur deine Vorgehensweise erklären, das hast du sehr gut*
Du hast deine Entdeckungen verständlich aufschreiben erklärt.				
2) verschiedene Rechenwege b	X			
Du hast die Aufgaben ausrechnen können.	X			
Du hast jeweils zwei Rechenwege nachvollziehbar notiert.	X			*Bei der 3. Aufgabe hast du dich verlan.*
3) Würfelgebäude b	X			
Du konntest die Würfelanzahl bestimmen.	X			
Du hast deine Vorgehensweise verständlich aufgeschrieben.	X			*Durch deine farbigen Einzeichnungen und tollen Erklärungen hast du besonders deutlich gemacht, wie du vorgegangen bist.*
4) Schöne Minusaufgaben b	X			
Du konntest die Aufgaben richtig ausrechnen.	X			
Du konntest drei weitere passende Aufgaben notieren.	X			
Du hast viele Auffälligkeiten entdeckt und aufgeschrieben.	X			
Du hast deine Entdeckungen verständlich aufschreiben erklärt.			X	

Aus Platzgründen haben wir hier die Selbstbeurteilung des Kindes und den Kommentar der Lehrerin separat voneinander abgedruckt. Im Original befanden sich diese nebeneinander, so dass das Kind leicht seine eigene Einschätzung mit der der Lehrerin vergleichen konnte.

Denkbar ist es auch, die Selbsteinschätzung und den Kommentar der Lehrerin nicht am Ende der Arbeit en bloc, sondern jeweils im Anschluss an die entsprechende Aufgabe zu platzieren. Die Gefahr ist jedoch, dass dies die Kinder möglicherweise von der Bearbeitung der folgenden Aufgaben ablenkt bzw. diese verzögert, da z. T. recht viel Text zu lesen ist. Insofern favorisieren wir die anschließende Selbsteinschätzung – zumal diese auch nicht zwingend innerhalb des ggf. existierenden zeitlichen Rahmens einer Klassenarbeit gegeben werden muss (vgl. Kap. 7).

Kurzantworten und Selbstzeugnisse

Mit den Kurzantworten und Selbstzeugnissen wollen wir zum Abschluss dieses Kapitels zwei Formen der Selbstbeurteilung vorstellen, die den Kindern mehr Gelegenheiten für eine individuellere Selbsteinschätzung geben, aber weniger strukturiert sind als die Ankreuztabellen.

Die folgenden Beispiele für *Kurzantworten* aus BENZ (2001) verdeutlichen das Prinzip. Die zentralen Inhalte werden von der Lehrerin vorgegeben. Die Schülerinnen und Schüler machen ihre Selbsteinschätzung durch eine kurze Antwort deutlich, wie das folgende Beispiel von Kathleen zeigt.

Beschreibe deine Leistungen und dein Verhalten in Mathe:

- bei schwierigen Aufgaben: Denke ich nochmal nach und wen ich es noch nicht weis frage ich meinen nachbarn.

- bei Aufgaben, die du nicht kennst: Höhre ich meistens gut zu das ich es weis.

- wenn du den Lösungsweg nicht gleich findest: Dan überlege ich wen ich in dan noch nicht habe frage ich nach.

- wenn du mit deinen Mitschülern zusammenarbeitest: Dan machte es mer spas.

- wenn du Aufgaben ins Heft schreibst: Dan schreibe ich schön ins Heft mit Datum Numer und Seite.

- wenn du lange arbeiten musst: Dan bekome ich imer Hunger und es kribelt.

...bei Aufgaben mit Liter und Milliliter?

leicht aber wir musten es so oft wiederholen das es mir zum Hals raushang

...bei Sachaufgaben und Rechengeschichten?

oberlecht und cool

...bei Knobelaufgaben?

ist nich mein ding

...wenn du eigene Aufgaben stellst?

ich mach das nicht besonders gern

Für die Lehrerin bieten sich so Möglichkeiten, mit dem Kind über dessen Leistungen ins Gespräch zu kommen, um zum Beispiel ergründen zu können, warum Kathleen nicht gerne eigene Aufgaben erfindet oder Knobelaufgaben nicht „als ihr Ding" bezeichnet. Sofern in den Äußerungen der

Kinder bestimmte Tendenzen gehäuft auftreten – zum Beispiel eine Abneigung gegen Sachaufgaben –, sollte dieses die Lehrerin u. E. dazu veranlassen, über den durchgeführten Unterricht und die von ihr getroffenen didaktischen Entscheidungen nachzudenken.

Eine noch offenere Form stellen Selbstzeugnisse dar, in denen die Kinder einen Text über ihre Lernerfolge und Lernbemühungen schreiben, wie aus dem folgenden Beispiel von Marco deutlich werden kann.

> Die Mitarbeit ist bei Marco ganz ok.
> oft schwer Marco.
> Marco ist oft bei der Sache und hat wenig
> Probleme. Anfangs hatte Marco schwirig
> bei „Ich denk, mir eine Zahl".
> Bei Textaufgaben findet Marco die
> Lösung schnell und hat sehr wenig
> Probleme. Mathe ist eins meiner
> Lieblings Fächer. Hausis mache
> ich manchmal sehr gern, aber
> manchmal nicht. Ordnug ist bei
> mir sehr Sauber. Nicht oft lerne
> ich.

Manchmal kann es notwendig sein, den Kindern, „Schreibtipps" zu geben, also stichpunktartig anzuführen, wovon das Selbstzeugnis handeln könnte. Einer dieser Punkte könnte sich auch damit befassen, das Kind notieren zu lassen, was es sich für den weiteren Lernprozess vornimmt.

5 Gute Aufgaben einsetzen

Eine ganz normale vierte Klasse, ein ganz normaler Donnerstag. Die Viert-
klässlerinnen und Viertklässler schreiben eine Mathematikarbeit zum Thema „Schriftliche Division".

Name: Gruppe B

① Kopfrechnen

② Dividiere schriftlich! Erledige auch
den Überschlag und die Probe!

a) $62\,145 : 9 =$ b) $3685 : 4 =$
$93\,367 : 9 =$ $43\,259 : 7 =$
$14\,202 : 9 =$ $8547 : 6 =$
$21\,123 : 9 =$ $9637 : 3 =$
$84\,519 : 9 =$ $58\,145 : 8 =$

③ Schriftliches Dividieren mit Kommazahlen!
$648,20 € : 4 =$
$252 € : 5 =$
$432,18 € : 3 =$
$1177,00 € : 5 =$
$3939,65 € : 7 =$

④ auch hier gibt es Lückenaufgaben!

a) $\blacksquare\blacksquare 456\blacksquare : 7 = 35\blacksquare 9$
$- 21$
———
$\blacksquare\blacksquare 5$
$- 3\blacksquare\blacksquare$
———
$0\,\blacksquare\blacksquare$
$- 0$
———
63
$- \blacksquare\blacksquare\blacksquare\blacksquare$
———
0

b) $34\blacksquare\blacksquare\blacksquare 8 : 4 = \blacksquare\blacksquare 662$
-32
———
$\blacksquare\blacksquare\blacksquare\blacksquare$
$- 24$
———
24
$- 24$
———
$\blacksquare\blacksquare\blacksquare\blacksquare$
$- \blacksquare\blacksquare$
———
0

⑤ Herr Meier, Frau Meier, Inga und Lars
haben jeder eine Pizza gegessen.
Sie bezahlen zusammen 19,20 €.
Frage: Rechnung: Antwort:

Viel Erfolg! ☺

Bei den einzelnen Aufgaben geht es primär darum, durch das Ausführen von Rechenfertigkeiten auf vorgegebenen Wegen zu eindeutig festgelegten Ergebnissen zu gelangen. Nach unserer Erfahrung handelt es sich hierbei um eine keineswegs untypische Klassenarbeit. Das dem so ist, hängt auch mit dem weit verbreiteten Bild von Mathematik zusammen.

Denn Mathematik gilt – wie sonst vielleicht nur das Rechtschreiben – als Selektionsfach par excellence. Hier wie dort herrscht häufig die Auffassung vor, dass sich Lernerfolge objektiv messen und beurteilen lassen. Viele Leistungsüberprüfungen, bei denen Rechen-Etüden an festgelegten Terminen unter Zeitdruck gemäß genauen Vorgaben bearbeitet werden müssen, konzentrieren sich daher auf schnell korrigierbare Aufgaben.

So wichtig die Beherrschung mathematischer Grundfertigkeiten auch ist: Mathematik auf das Abrufen von abgespeicherten Wissenselementen und auf das Reproduzieren von intensiv eingeübten Handlungsanweisungen zu reduzieren wird dem Reichtum und der Prozesshaftigkeit des Faches nicht gerecht (vgl. WITTMANN 2003; KMK 2004).

In der Mathematik gibt es eben nicht nur das ‚richtige‘ und das ‚falsche‘ Ergebnis. Hier existiert häufig mehr als lediglich ein einziger korrekter Lösungsweg, ist nicht immer alles schon fertig vorgedacht: „Mathematik ist etwas, das man tut", so hat es der Mathematiker MOISE einmal formuliert.

Soll demgemäß im Unterricht die Tätigkeit des Mathematiktreibens vermehrt in den Vordergrund gerückt werden (vgl. SPIEGEL/SELTER 2003), so hat das natürlich entscheidende Konsequenzen für die Leistungsfeststellung.

Es wäre fatal, wenn sich diese auf Aufgaben der Art beschränken würden, wie sie in der abgedruckten Klassenarbeit dominieren. Daher wollen wir im Folgenden Beispiele für *andere* Aufgaben geben, deren Einsatz das häufig eingeschränkte Spektrum von Aufgabentypen zur Leistungs*feststellung* erweitern kann. Dass im Unterrichtsalltag zur Leistungs*förderung* noch ganz andere Aufgabenstellungen zum Einsatz kommen können, versteht sich von selbst.

5.1 Aufgabentypen

Um Aufgaben bewerten und einordnen zu können, machen wir zunächst einen Vorschlag, wie man sie anhand von drei Kriterien analysieren kann.
* *Kriterium der Informativität:* Sind mehrere plausible Antworten bzw. Teilaufgabenstellungen möglich, oder ist das Ergebnis eindeutig vorgegeben?

- *Kriterium der Offenheit:* Ist die Vorgehensweise relevant, oder spielt der Lösungsweg keine Rolle?
- *Kriterium des Prozessbezugs:* Werden die prozessbezogenen Kompetenzen, wie das Entdecken oder das Darstellen, angesprochen, oder erfolgt eine Beschränkung auf das Abprüfen von Wissen und Fertigkeiten?

Veranschaulichen kann man sich dieses anhand eines aus acht kleinen Würfeln bestehenden größeren Würfels. Dabei sind zum gegenwärtigen Zeitpunkt nach unserer Erfahrung viele Aufgaben in Klassenarbeiten und auch in zentralen Lernstandserhebungen (vgl. Kap. 9) in den linken oberen vorderen Würfel einzuordnen (nicht informativ, nicht offen, nicht prozessbezogen).

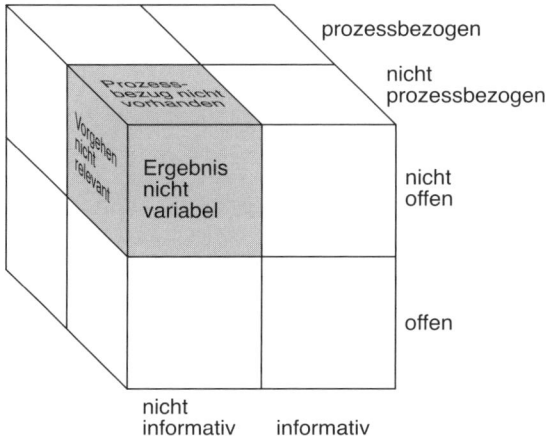

Eine solche Überbetonung widerspricht den Zielsetzungen zeitgemäßen Mathematikunterrichts. Zur Beseitigung dieses Missverhältnisses plädieren wir daher im Folgenden mit gewissem Nachdruck ...

- ... für mehr *informative Aufgaben,* bei denen die Vorgehensweise für die Einschätzung der Leistungen der Schülerinnen und Schüler relevant ist,
- ... für mehr *offene Aufgaben*, bei denen variable Ergebnisse (einerseits im Sinne unterschiedlicher Resultate, andererseits im Sinne von Wahlmöglichkeiten von Teilaufgaben) möglich sind,
- ... für mehr *prozessbezogene Aufgaben*.

Das bedeutet selbstverständlich nicht, dass nicht auch – nach wie vor – Aufgaben aus dem linken oberen vorderen Würfel zum Einsatz kommen sollten. So ist es beispielsweise unverzichtbar, die Kompetenzen der Schülerinnen und Schüler im Blitzrechnen (vgl. Kap. 3.3) in die Leistungsfeststellung einzubeziehen.

Zu bedenken ist dabei allerdings, dass nicht die Aufgaben an sich informativ, offen oder prozessbezogen sind, sondern sie werden es dadurch, dass sie geeignet in ein förderliches Unterrichtsklima eingebettet werden.

Beispielaufgaben zur Multiplikation

Am Beispiel der Multiplikation jenseits des kleinen Einmaleins sollen nun acht Aufgaben vorgestellt werden, die sich *idealtypisch* den acht Teilwürfeln zuordnen lassen. Abhängig vom Lerninhalt und davon, an welcher Stelle man sich im Lehr-/Lernprozess befindet, werden einzelne Aufgabentypen im Unterricht und in Leistungsfeststellungen unterschiedlich stark repräsentiert sein.

nicht informativ • nicht offen • nicht prozessbezogen

Rechne aus.

a) $8 \cdot 70 =$ _560_   b) $5 \cdot 800 =$ _4000_   c) $20 \cdot 20 =$ _400_

d) $90 \cdot 9 =$ _810_   e) $10 \cdot 50 =$ _500_   f) $80 \cdot 10 =$ _800_

nicht informativ • *offen* • nicht prozessbezogen

Rechne immer nur die Aufgabe des Zweierpäckchens aus, die du leichter findest.

a) $10 \cdot 20 =$ _200_   b) $16 \cdot 70 =$ _____   c) $40 \cdot 7 =$ _280_

$17 \cdot 50 =$ _____ $5 \cdot 300 =$ _1500_ $12 \cdot 20 =$ _____

informativ • nicht offen • nicht prozessbezogen

Schreibe deinen Rechenweg unter dem Strich auf.

a) $4 \cdot 60 = 240$

$4 \cdot 6 = 240$

und jetzt eine 0 dranhängen.

b) $6 \cdot 70 = 420$

$70 + 70 + 70 +$
$70 + 70 + 70 =$
420

c) $12 \cdot 20 = 240$

$10 \cdot 20 = 200$

$2 \cdot 20 = 40$

$200 + 40 = 240$

informativ • *offen* • nicht prozessbezogen

Schreibe drei Malaufgaben auf, deren **Ergebnis größer als 500** ist.
Schreibe deinen Rechenweg unter dem Strich auf.

a) $60 \cdot 70 = 4200$
$6 \cdot 7 = 42$
$60 \cdot 7 = 420$
$60 \cdot 70 = 4200$

b) $20 \cdot 60 = 1200$
$2 \cdot 6 = 12$
$20 \cdot 6 = 120$
$20 \cdot 60 = 1200$

c) $100 \cdot 100 = 10.000$
$1 \cdot 1 = 1$
$10 \cdot 1 = 10$
$10 \cdot 10 = 100$
$100 \cdot 100 = 10.000$

nicht informativ • nicht offen • *prozessbezogen*

Rechne immer beide Aufgaben des Zweierpäckchens aus.
Vergleiche die Ergebnisse. Was fällt dir auf?

a) $20 \cdot 20 = 400$
$10 \cdot 30 = 300$

Mir fällt bei den Ergebnissen auf, dass *der Unterschied 100, obwohl 20·20 und dann von der vorderen 20 ein nach hinten zum 10·30.*

b) $30 \cdot 30 = 900$
$20 \cdot 40 = 800$

Mir fällt bei den Ergebnissen auf, dass *der Unterschied 100, obwohl 30·30 und dann von der vorderen 30 ein nach hinten zum 20·40.*

c) $40 \cdot 40 = 160$
$30 \cdot 50 = 150$

Mir fällt bei den Ergebnissen auf, dass *der Unterschied 100, obwohl 40·40 und dann von der vorderen 40 ein nach hinten zum 30·50.*

nicht informativ • *offen* • *prozessbezogen*

Multipliziere zwei Zehnerzahlen miteinander. Dividiere dann das Ergebnis durch 100.
Rechne zunächst das Zweierpäckchen b) aus. Erfinde dann vier weitere Zweierpäckchen.
Vergleiche die beiden Aufgaben . Was fällt dir auf?

a) $50 \cdot 30 = 1500$
$1500 : 100 = 15$

b) $40 \cdot 20 = 800$
$800 : 100 = 8$

c) $70 \cdot 50 = 3500$
$3500 : 100 = 35$

d) $60 \cdot 40 = 2400$
$2400 : 100 = 24$

f) $90 \cdot 60 = 5400$
$5400 : 100 = 54$

g) $80 \cdot 50 = 4000$
$4000 : 100 = 40$

Mir fällt auf, dass *vom Ergebniss die ersten beiden Zahlen oder Zahl ohne die einen Nullen das Ergebniss ist der Divisionsaufgabe.*

informativ • nicht offen • *prozessbezogen*

Rechne immer beide Aufgaben des Zweierpäckchens aus.
Vergleiche die Aufgaben und die Ergebnisse. Was fällt dir auf?

a) $30 \cdot 40 = 1200$

$60 \cdot 20 = 1200$

Mir fällt bei den Aufgaben und den Ergebnissen auf, dass *die*
Zahlen der 2. Aufgabe sich halbiert
oder verdoppelt und so das Ergebnis gleich ist.

Meine Erklärung: Das ist so, weil *sich die Multiplikation mal*
zwei und Division durch 2 gegenseitig aufheben.

informativ • *offen* • *prozessbezogen*

Schreibe möglichst viele Malaufgaben mit dem Ergebnis 200.
Findest du alle Möglichkeiten? Erkläre, wie du vorgegangen bist.

a) Meine Malaufgaben mit dem Ergebnis 200:

$20 \cdot 10 = 200$ $4 \cdot 50 = 200$
$10 \cdot 20 = 200$ $50 \cdot 4 = 200$
$1 \cdot 200 = 200$ $5 \cdot 40 = 200$
$200 \cdot 1 = 200$ $40 \cdot 5 = 200$
$2 \cdot 100 = 200$ $25 \cdot 8 = 200$
$100 \cdot 2 = 200$ $8 \cdot 25 = 200$

b) Ich habe *12* Malaufgaben mit dem Ergebnis 200 gefunden.

c) So bin ich vorgegangen: *Ich habe von der ersten Aufgabe eine*
Umkehraufgabe gemacht. Dann habe ich mit anderen
Zahlen den gleichen Rechentrick gemacht wie
bei der Aufgabe ?.

d) Ich bin mir sicher, dass ich **alle** möglichen Malaufgaben gefunden habe ☒ ☐,
                                                                              ja   nein
weil *ich keine Umkehraufgabe mehr bilden*
kann. Andere Zahlen passen auch nicht in die 20
Reihe u. z. w. in die 200 Reihe hinein

Die Zuweisung der Attribute zu den einzelnen Aufgaben ist – wie bereits erwähnt – idealtypisch zu sehen. Das heißt, dass beispielsweise die Grenzen zwischen Aufgaben, bei denen die prozessbezogenen Kompetenzen angesprochen werden, und solchen, bei denen dieses nicht der Fall ist, durchaus fließend sind.

Es geht uns allerdings gar nicht darum, dass man nun jede Aufgabe entlang der drei Kriterien möglichst zweifelsfrei einordnen kann. Wir haben diese Systematisierung in dieses Kapitel aufgenommen, um das Gespür der Leserinnen und Leser für Aufgaben zu schärfen, die mehr Informationen, mehr Offenheit und mehr Prozessbezug bergen. Bei den in den folgenden Teilkapiteln angeführten Beispielen handelt es sich dabei nicht ausschließlich um:

- rein informative Aufgaben (vgl. Kap. 5.2),
- rein offene Aufgaben (vgl. Kap. 5.3) oder
- rein prozessbezogene Aufgaben (vgl. Kap. 5.4),

sondern häufig auch um Mischformen (wie etwa die Rechensonnen in Kap. 5.2). Diese werden aber jeweils schwerpunktmäßig aus dem durch die Überschrift angegebenen Blickwinkel betrachtet.

5.2 Informative Aufgaben

Durch informative Aufgaben kann man mehr über die Lösungswege der Kinder erfahren als durch herkömmliche Aufgaben. Auf dieser Grundlage können weitere Fördermaßnahmen auf individuellem Niveau eingeleitet werden. Daher sollte in erkennbarer Nähe zu den Aufgabenstellungen Platz für *Nebenrechnungen* oder *Erläuterungen* zur Verfügung stehen oder explizit die Aufforderung erfolgen, das eigene Vorgehen zu erläutern. Eine *überlegte Aufgabenauswahl* (etwa bezüglich des Schwierigkeitsgrades der Teilaufgaben, des Grades der Ähnlichkeit bzw. des Zusammenhangs oder der verwendeten Kontexte) kann darüber hinaus den Informationsgehalt von Aufgaben steigern.

Grundsätzlich kann man zwischen Aufgaben unterscheiden, bei denen die Schüler lediglich das *Resultat* oder bei denen sie zusätzlich ihren *Lösungsweg* angeben sollen. Zunächst einige Beispiele für den ersten Typ.

Zusammenhängende Aufgaben

So können Aufgaben, die für sich genommen keinen hohen Informationsgehalt haben, in einer systematisch zusammengestellten Serie durch ihre Gemeinsamkeiten mit und ihre Unterschiede zu ähnlichen Aufgaben informativ werden (vgl. GERSTER 1994). Die beiden folgenden Beispiele zeigen anhand von sechs Aufgaben zur schriftlichen Subtraktion auf, dass man

einiges aus den Schülerlösungen herauslesen kann. Die Aufgaben wurden nach folgenden Kriterien zusammengestellt:
a) ohne Übertrag, mit 0 im Ergebnis,
b) ohne Übertrag, mit 0 im Subtrahenden,
c) ein Übertrag in Zehnerspalte, mit 0 im Ergebnis,
d) ein Übertrag in Zehnerspalte, mit 0 im Minuenden,
e) zwei Überträge, mit 0 im Minuenden und im Subtrahenden,
f) zwei Überträge, mit 0 im Minuenden.

3. Schreibe stellengerecht untereinander und subtrahiere.

a)	496 – 136	b)	958 – 104	c)	365 – 258
d)	773 – 407	e)	506 – 207	f)	901 – 439

Der Aufgabenbearbeitung von Aisha kann man entnehmen, dass sie generell dazu neigte, die kleinere Ziffer von der größeren zu subtrahieren, unabhängig davon, welche der beiden sich im Minuenden und welche sich im Subtrahenden befand. Zudem lassen ihre Aufgabenbearbeitungen vermuten, dass sie in den Fällen, in denen eine 0 im Minuenden $(0 - x)$ oder im Subtrahenden $(x - 0)$ vorkam, als Resultat generell 0 angab.

3. Schreibe stellengerecht untereinander und subtrahiere.

a)	496 – 136	b)	958 – 104	c)	365 – 258
d)	773 – 407	e)	506 – 207	f)	901 – 439

Bei Jennifer hingegen lässt sich lediglich eines dieser Fehlermuster feststellen, nämlich $0 - x = 0$. Steht die 0 hingegen im Subtrahenden, kommt sie zum korrekten Resultat. Solche Aufgabenserien können nicht nur von der Lehrerin zum Erkennen von Fähigkeiten und Schwierigkeiten herangezogen, sondern auch in den weiteren Unterrichtsverlauf einbezogen werden. Beispielsweise können die Kinder gebeten werden, die individuell empfundene Schwierigkeit bei der Berechnung der jeweiligen Aufgabe im Anschluss daran kurz mit +, o oder – zu bewerten. Anschließend kann man dann über ausgewählte Aufgaben, ihre Besonderheiten und die diesbezüglichen Einschätzungen der Kinder sprechen (Was war leicht? ... schwer? Warum? ...).

Aufgaben können aber nicht nur dann informativ sein, wenn ihre *Bauart* im Rahmen einer Serie systematisch variiert wurde, sondern auch dann, wenn das verwendete *Zahlenmaterial* Zusammenhänge aufweist.

So lautete bei der unteren Serie von Blitzrechenaufgaben eine Aufgabe $5 \cdot 90$, eine andere $90 \cdot 5$ und eine dritte $450 : 5$. Drei weitere zusammenhängende Aufgaben waren $3 \cdot 250$, $750 : 3$ und $25 \cdot 30$. Die Aufgaben standen nicht direkt untereinander, sollten aber in der Auswertung zusammen gesehen werden, zumal den Kindern der Hinweis gegeben wurde, dass immer drei Aufgaben zusammenhingen.

Immer drei Aufgaben hängen zusammen.

Rechne aus.

a) $5 \cdot 90 = $ *18* b) $750 : 3 = $ *250* c) $6 \cdot 70 = $ *420*

d) $420 : 6 = $ *70* e) $320 : 8 = $ *40* f) $450 : 5 = $ *9*

g) $40 \cdot 8 = $ *5* h) $420 : 60 = $ *7* i) $8 \cdot 40 = $ *5*

j) $3 \cdot 250 = $ *750* k) $90 \cdot 5 = $ *18* l) $25 \cdot 30 = $ *650*

Beim Beispiel von Laura zeigt sich, dass sie häufig dividiert hat, auch wenn sie multiplizieren sollte. Dabei teilte sie dann die größere durch die kleinere Zahl und errechnete somit $5 \cdot 90$ und $90 \cdot 5$ jeweils mit dem Resultat 18. Während sie $320 : 8$ und $420 : 60$ richtig berechnete, fehlte eine Null beim Ergebnis von $450 : 5$. Interessant ist auch, dass sie $3 \cdot 250$ richtig mit 750 ausrechnete, bei $25 \cdot 30$ aber auf 650 kam. Sie nutzte die Beziehungen zwischen den einzelnen Aufgaben also offensichtlich nur teilweise. Ob sie sich deren bewusst war, kann man natürlich mit Hilfe der Ergebnisse allein nicht herausfinden.

Ein zweites Beispiel: Maja rechnete die Aufgaben, bei denen eine einstellige Zahl zu subtrahieren ist, bis auf eine Ausnahme (49 statt 409) korrekt aus.

$120 - 40 = 80$	$16 - 7 = 9$	$160 - 70 = 80$	$14 - 8 = 6$
$620 - 40 = 580$	$416 - 7 = 49$	$360 - 70 = 290$	$214 - 8 = 206$
$628 - 40 = 572$	$616 - 7 = 609$	$362 - 70 = 288$	$254 - 8 = 246$
$428 - 40 = 322$	$636 - 7 = 629$	$562 - 70 = 488$	$654 - 8 = 646$
$426 - 40 = 324$	$836 - 7 = 829$	$567 - 70 = 483$	$664 - 8 = 656$

Bei den Aufgaben, bei denen eine Zehnerzahl abgezogen werden musste, kam sie ebenfalls zu richtigen Resultaten, allerdings nur, wenn der Minuend ebenfalls ein Vielfaches von 10 war. Bei den jeweils drei letzten Aufgaben des ersten und des dritten Päckchens lag folgende Vermutung nahe, die dann auch in einem Gespräch mit Maja bestätigt werden konnte:

Der Minuend wurde in eine glatte Zehnerzahl verwandelt – aus 628 (362 usw.) wurde 620 (360 usw.). Dann wurde der Subtrahend abgezogen (620 – 40 = 580; 360 – 70 = 290). Nun musste noch ein Ausgleich erfolgen, da es ja beispielsweise nicht 620, sondern 628 waren. Die hinzuzuzählenden 8 (2 usw.) wurden dann aber subtrahiert (580 – 8 = 572; 290 – 2 = 288 usw.).

Durch die systematisch erfolgte Aufgabenzusammenstellung wurde die Erhebung des Fehlermusters erleichtert. Andererseits sollte nicht unerwähnt bleiben, dass Aufgabenzusammenhänge in Einzelfällen auch das Auftreten von Fehlern wahrscheinlicher werden lassen.

Das ist etwa der Fall, wenn Kinder diese bewusst ausnutzen, um Ergebnisse von Aufgaben aus bereits bekannten, fehlerhaften Resultaten abzuleiten. Wenn sie z. B. 16 – 7 mit dem Resultat 11 errechnet haben, dann geben sie bei 416 – 7 möglicherweise 411 als Lösung an.

Ein drittes Beispiel: Bei den ‚Rechensonnen' wurden Drittklässler gebeten, Zusammenhänge zu anderen Aufgaben herzustellen. Hierzu wurde eine Aufgabe innerhalb eines Kreises vorgegeben oder – so wie im Folgenden – von den Kindern selbst bestimmt. An die Strahlen wurden dann Aufgaben geschrieben, die mit der Sonnen-Aufgabe in Beziehung standen. Aus den Lösungen der Kinder kann man – mit der gebotenen Vorsicht – Informationen daraus ableiten, inwieweit sie ihr individuelles Aufgabennetz schon gewoben hatten.

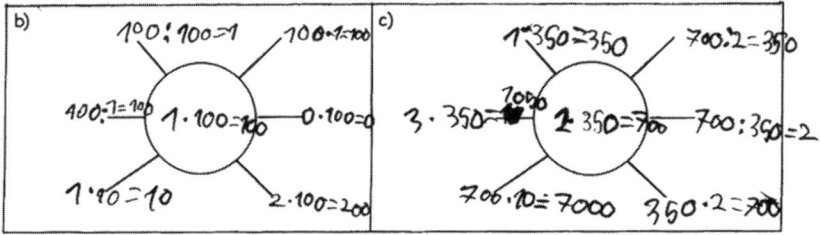

Lucia beispielsweise verwendete Tauschaufgaben (350 · 2), Umkehraufgaben (wie 700 : 350) und Nachbaraufgaben (wie 3 · 350), aber auch eine Aufgabe, bei der sie ausgehend vom Ergebnis eine neue Aufgabe bildete (700 · 10 = 7000).

Aufgabenvariationen

Eine Aufgabe kann auch durch die Veränderung der Darstellungen informativ werden. So kann ein und dieselbe Aufgabe bzw. eine von der Bauart und vom Schwierigkeitsgrad her vergleichbare, aber in den Zahlenwerten sich geringfügig unterscheidende Aufgabe in unterschiedlichen Präsentationsformen auftreten, etwa ...

- ... als Textaufgaben mit gleichen Zahlenwerten, aber unterschiedlichen *Sinnzusammenhängen*, wie am Beispiel der Division mit Rest ersichtlich. In allen nachstehenden Aufgaben lauten die Zahlenwerte 15 und 6. Aber durch die unterschiedlichen Kontexte werden unterschiedliche Denkweisen nahe gelegt. Nutzen die Kinder diese oder gehen sie (anscheinend) schematisch vor, indem sie jeweils dieselbe Lösung angeben und denselben Lösungsweg verwenden?
  1. Mit einem Fahrstuhl wollen 15 Personen nach oben fahren. Jedes Mal können 6 Personen mitfahren. Wie oft muss der Fahrstuhl fahren?
  2. Bei einer Feier werden 15 Schokoriegel an 6 Kinder verteilt. Wie viele Schokoriegel bekommt jedes Kind?
  3. Sebastian hat 15 € gespart. Ein Kinderkrimi kostet 6 €. Wie viele Kinderkrimis kann Sebastian kaufen?
  4. Bei einer Verlosung haben 6 Kinder zusammen 15 € gewonnen. Wie viel Geld bekommt jeder?
  5. An einem See wollen 15 Personen mit 6 Booten fahren. Wie viele Personen sitzen in jedem Boot?
- ... als verschiedene Textaufgaben mit unterschiedlichen *Situationstypen* (s. u.),
- ... als Textaufgaben mit unterschiedlicher *Bauart*.

Die letzten beiden Punkte wollen wir in Anlehnung an einen Ausschnitt einer Tabelle aus SELTER/SPIEGEL (1997, S. 122) illustrieren. Dabei geht es um verschiedene *Situationstypen* von Additionsaufgaben (zusammenfügen, Teil-Teil- Ganzes, ausgleichen durch Ergänzen) und unterschiedliche Bauarten, bei denen die unbekannte Größe an verschiedenen Stellen steht.

Unbekannte

Typ	Zusammenfügen		
Ausgangsgröße	**Hinzugefügtes**	**Ergebnis**	Susi hat einige
	Murmeln. Marion gibt ihr noch 8 dazu. Jetzt hat Susi 13. Wie viele Murmeln hatte Susi am Anfang? Susi hat 5 Mur-	meln. Wie viele braucht sie noch, damit sie insgesamt 13 hat? Susi hat 5 Mur-	meln. Marion schenkt ihr noch 8 dazu. Wie viele Murmeln hat Susi jetzt insgesamt?
Teil-Teil Ganzes	**Größerer Teil**	**Kleinerer Teil**	**Ganzes**
	Susi hat 13 Murmeln. Einige davon sind rot, 5 sind blau. Wie viele rote Murmeln hat Susi?	Susi hat 13 Murmeln. Einige davon sind blau, 8 sind rot. Wie viele blaue Murmeln hat Susi?	Susi hat 5 rote und 8 blaue Murmeln. Wie viele hat sie insgesamt?
Ausgleichen durch Ergänzen	**Menge mit der kleineren Anzahl**	**Ausgleichsgröße**	**Menge mit der größeren Anzahl**
	Susi hat einige Murmeln. Marion hat 13. Susi bekommt noch 8 dazu. Nun hat sie genauso viele wie Marion. Wie viele Murmeln hatte Susi am Anfang?	Susi hat 5 Murmeln. Marion hat 13. Wie viele muss Susi noch dazutun, damit sie genauso viele Murmeln wie Marion hat?	Susi hat 5 Murmeln. Sie bekommt noch 8 dazu, damit sie genauso viele wie Marion hat. Wie viele Murmeln hat Marion?

Wir wollen mit dieser tabellarischen Übersicht auf die Möglichkeiten der Aufgabenvariation hinweisen, denken aber nicht, dass es sinnvoll ist, alle denkbaren Fälle zu berücksichtigen.

Häufig kann aber auch schon im Vergleich zweier Varianten feststehen, dass die Kinder unterschiedlich vorgehen, z. T. auch zu unterschiedlichen Ergebnissen kommen – so auch beim folgenden Beispiel.

- ... einmal als Bildaufgabe, einmal als Zahlenaufgabe mit jeweils identischen Zahlenwerten. In der Abbildung (aus VAN DEN HEUVEL-PANHUIZEN 1996, S. 150) sind die beiden Variationen nebeneinander zu sehen, sie wurden allerdings dem Kind mit größerer räumlicher Distanz vorgelegt.

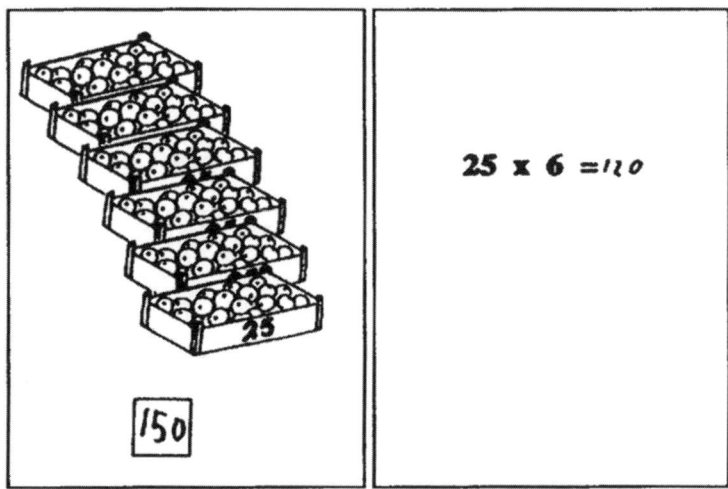

- als zwei Zahlenaufgaben in unterschiedlichen Präsentationsformen (einmal 27 + __ = 50, einmal in Operatorschreibweise).

Durch solche und weitere *Variationen* kann die Lehrerin von Fall zu Fall erfahren, dass ein Kind eine Aufgabe lediglich in bestimmten Zusammenhängen beherrscht – oder anders formuliert: in manchen Kontexten etwas leisten kann, was es in anderen nicht zeigt.

So ergeben sich Diskussionsanlässe, die zur weiteren Förderung des Verständnisses beitragen können, etwa durch die Auseinandersetzung mit dem Umstand, dass die eine Textaufgabe sich als schwieriger erwies als die andere, obwohl doch dieselben Zahlen verwendet wurden.

Bei den bislang beschriebenen Aufgaben-Grundtypen sollten die Kinder jeweils lediglich das Resultat angeben. Trotzdem handelte es sich um informative Aufgaben, da ausgehend von den Lösungen begründete Vermutun-

gen über deren Denkweisen möglich sind. Noch aussagekräftiger sind diejenigen Aufgaben, bei denen auch der von den Kindern angegebene Lösungsweg zum Bestandteil der Analyse gemacht werden kann, wie etwa die
im Weiteren beschriebenen.

Nebenrechnungen

Bei diesen Aufgaben steht auf dem Aufgabenblatt oder im Heft Platz für Nebenrechnungen oder sonstige Notizen zur Verfügung, den die Kinder nutzen können oder sollen – je nach Intention. Auf den ersten Blick fällt bei den
beiden folgenden Beispielen auf, dass Sofia alles richtig berechnet hat,
während Paul einige Fehler unterliefen.

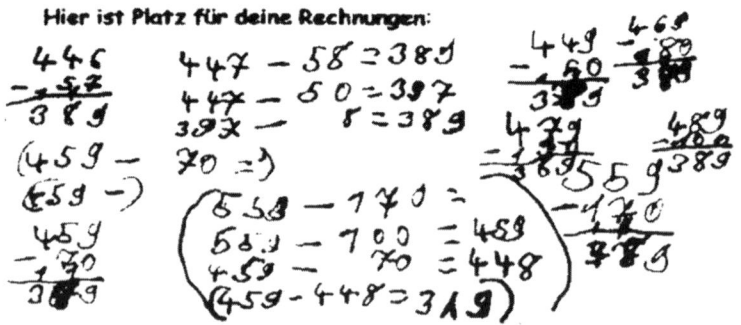

Aber für eine angemessene Bewertung der Leistungen beider reicht der Blick auf die Ergebnisse allein nicht aus. Denn schaut man sich die Nebenrechnungen an, so zeigt sich, dass Sofia jede Aufgabe aufs Neue ausrechnete und dabei größtenteils den schriftlichen Algorithmus verwendete. Die Zusammenhänge, die zwischen den Aufgaben existierten, nutzte sie anscheinend nicht aus.

Anders hingegen Paul. Er zeigte, dass er bereits über die Beziehungen zwischen den Aufgaben Bescheid wusste. Letztlich nutzte er diese aber noch nicht souverän genug aus. Für sich allein genommen, ist eine Rechnung wie $988 - 94 = 906$ zunächst schwer zu ergründen.

Sein Text allerdings erläutert seine Denkweise: „Die erste Aufgabe ist schon ausgerechnet. Und bei der zweiten Aufgabe muss man nur gucken, wo sich was verändert hat, und das, was sich geändert hat, muss man + rechnen." Da also beispielsweise $988 - 88 = 900$ und 94 um 6 größer sei als 88, so Pauls Denkweg, müsse $988 - 94$ um 6 größer sein, also 906.

1. Aufgabenpaare

Eine Aufgabe ist schon ausgerechnet.
Rechne die andere Aufgabe aus.

$744 + 266 = \underline{1010}$ $421 + 567 = \underline{988}$
$344 + 667 = \underline{1111}$ $416 + 572 = \underline{988}$

$988 - 88 = \underline{900}$ $874 - 196 = \underline{678}$
$988 - 94 = \underline{906}$ $874 - 94 = \underline{780}$

Erfinde selbst 2 Aufgabenpaare.

$111 + 010 = 121$
$111 + 110 = 221$

Hier ist Platz für deine Rechnungen:

Die Erste aufgabe ist schon aus gerechnet. Und an dser 2 aufgabe muss man nur kuken wo sich was werendert hat und was sich umgedawrus was geendert hat muss mas + rechnen

Vorgehensweisen darstellen

Bei geeigneten Aufgaben können die Kinder gebeten werden, ihre Vorgehensweise schriftlich oder mündlich zu erläutern. Selbst wenn nachträgliche *Erklärung* und tatsächliches Vorgehen nicht übereinstimmen, so eröffnen sich häufig interessante Einblicke in die Denkwege der einzelnen Kinder. Auch hier existieren einige Variationen, etwa im Anschluss an die Aufforderung *„Wie rechnest du?"*, bei der die Kinder ihre Vorgehensweise in einem kurzen Text beschreiben sollten.

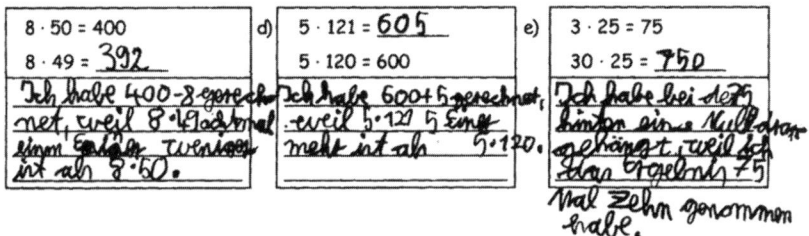

Bei der Aufgabe „Kannst du auch anders rechnen?" sollte der Rechenweg nicht beschrieben, sondern verschiedene denkbare Rechenwege angegeben werden. Hier wurden die Kinder beispielsweise gebeten, drei verschiedene Möglichkeiten für die Aufgabe 25 · 19 zu notieren. Die Lehrerin erhielt dadurch Fingerzeige darauf, wie flexibel die einzelnen Kinder die Rechenanforderungen angingen.

Schreibe drei **verschiedene** Rechenwege für die Aufgabe 25 · 19 auf.

Die Unterschiede in den Vorgehensweisen von Ben (oben) und Luca (unten) sind offenkundig. Während Ben drei wesentlich verschiedene Wege angab, wendete Luca neben dem schrittweisen Multiplizieren (20 · 19 + 5 · 19) das recht mühsame schrittweise Addieren (25 + 25 + 25 + …) sowie eine unvollständige Variante des schrittweisen Rechnens an (20 · 10 + 5 · 9).

Schreibe drei verschiedene Rechenwege für die Aufgabe 25·19 auf.

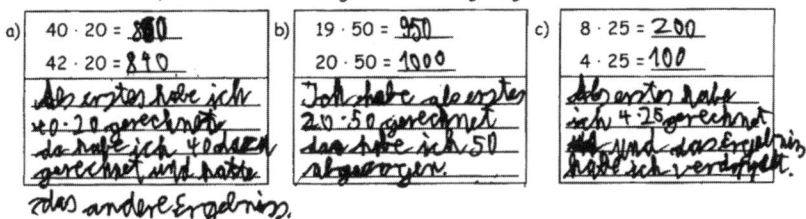

Wie bereits erwähnt, hätten einzelne der vorangehenden Aufgaben auch anderen Oberbegriffen als ‚informativ' zugeordnet werden können. In der Realität kommen häufig Mischformen vor, so auch bei der Aufgabe „*Vom Leichten zum Schweren*", bei denen es um *Hilfsaufgaben* geht.

Dabei sollten die Kinder zunächst diejenige Aufgabe ausrechnen, die ihnen leichter fiel (Hilfsaufgabe), und davon ausgehend die schwierigere bewältigen. Zudem bearbeiteten sie die umgekehrte Aufgabe: Erfinde eine Aufgabe für die vorgegebene Hilfsaufgabe! Hier kann man erkennen, inwieweit die Kinder die erwarteten Beziehungen zwischen den Aufgaben nutzten oder auch andere unerwartete Zusammenhänge sahen.

Rechne zuerst die Aufgabe des Zweierpäckchens aus, die du leichter findest. Benutze dein Ergebnis, um dann die schwierigere Aufgabe auszurechnen.

Schreibe darunter, wie du die zuerst ausgerechnete Aufgabe genutzt hast.

a) 40 · 20 = 800
42 · 20 = 840

b) 19 · 50 = 950
20 · 50 = 1000

c) 8 · 25 = 200
4 · 25 = 100

5.3 Offene Aufgaben

Durch Wahlfreiheiten bei offenen Aufgaben können die Schülerinnen und Schüler leichter als bei ‚geschlossenen' Aufgaben zeigen, was sie können. Daher sollten die Kinder auch Aufgaben bearbeiten können, bei denen es nicht nur ein einziges richtiges, sondern *mehrere* korrekte bzw. plausible *Resultate* und *Herangehensweisen* gibt. Außerdem sollten sie innerhalb eines durch die Aufgabenstellung aufgespannten Rahmens selbst Aufgaben produzieren bzw. sich selbst weitere *Teilaufgaben stellen* können (Eigenproduktionen; vgl. Kap. 6.2).

Zunächst kann man unterscheiden zwischen vorgegebenen Aufgaben, zu denen es keine eindeutige Lösung und keinen vorherbestimmten Lösungsweg gibt, und solchen Aufgaben, bei denen die Schülerinnen und Schüler innerhalb eines vorgegebenen Rahmens die Aufgabenstellung bzw. die verwendeten Werte selbst (mit) bestimmen. Zur ersten Kategorie gehören zum Beispiel ...

Experimentieraufgaben

Ein erstes Beispiel: Den Viertklässlern standen ein Geodreieck, ein Zirkel und farbige Stifte zur Verfügung. Ihre Aufgabe lautete: „Erfinde schöne Figuren." Hier einige Beispiele von Steven, im Original farbig.

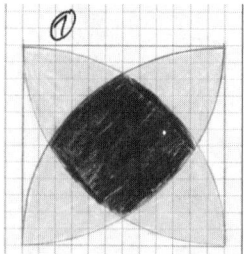  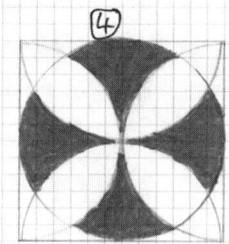

Ein zweites Beispiel: Mit Wendeplättchen kann man Formen und Muster legen, wie Quadrate, Rechtecke oder Dreiecke. Die Ausgangs-Aufgabe für die Zweitklässler lautete: „Lege mit Plättchen schöne Muster. Wie viele Plättchen brauchst du?" Da die Zahl der Plättchen beschränkt war, gingen die Kinder mehr und mehr dazu über, die entsprechenden Muster zu zeichnen

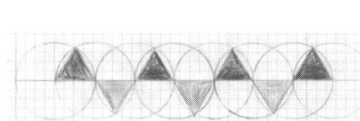  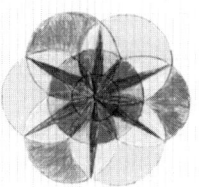

oder gar deren Anzahl aufzuschreiben. Im Weiteren konzentrierten sie sich auf die so genannten Dreieckszahlen und bearbeiteten zunächst die Aufgabe, aus wie vielen Plättchen die zehnte Dreieckszahl bestand. Davon ausgehend stellten sich einige Kinder selbst das Problem, herauszufinden, wie viele Plättchen für die 15. Dreieckszahl benötigt wurden. Zwei jeweils in Partnerarbeit entstandene Beispiele illustrieren ihre Vorgehensweisen.

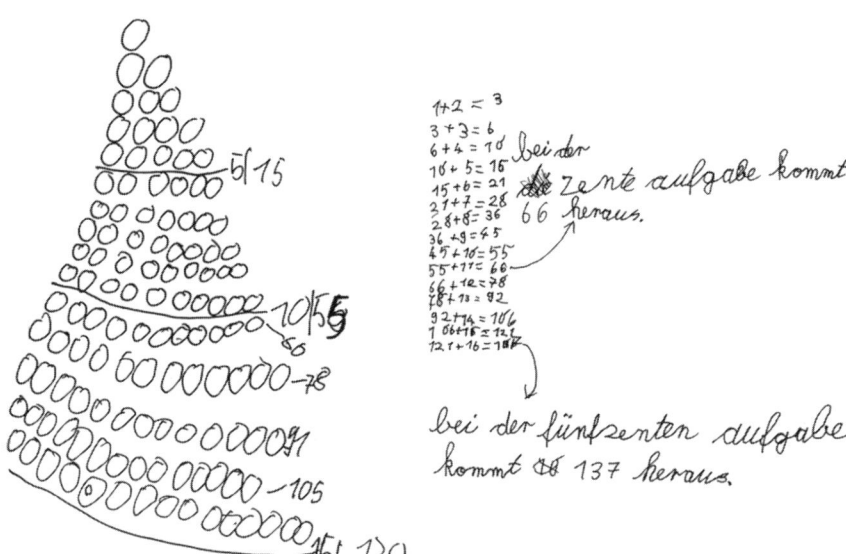

Probieraufgaben

Eine andere Form von offenen Aufgaben sind die so genannten Probieraufgaben, spezielle Knobelaufgaben, bei denen man sich an das richtige Ergebnis herantastet. Zur Lösung werden also bestimmte Werte angenommen, und es wird überprüft, ob diese die richtige Lösung darstellen. Ist dies nicht der Fall, werden die ursprünglichen Werte zielgerichtet variiert. Mit

am bekanntesten für diese spezielle Form sind hier sicherlich Aufgaben des
Typs „Hasen und Hühner":
- Ich zähle 22 Beine. Wie viele Hasen und wie viele Hühner könnten es
  sein?
- In einem Stall sind Pferde und Hühner. Insgesamt sind es 12 Tiere. Ich
  zähle 42 Beine. Wie viele Pferde und wie viele Hühner sind es?

Verwendung finden häufig auch Aufgaben des folgenden Typs:
- Lisa kauft Roggenbrötchen und Schokobrötchen. Sie bezahlt 3,70 Euro.
  Ein Roggenbrötchen kostet 0,40 Euro, ein Schokobrötchen 0,70 Euro.
  Wie viele Roggenbrötchen, wie viele Schokobrötchen kauft sie?

Wir möchten im Folgenden ein Beispiel für ein so genanntes Altersrätsel
geben.
- Ein Vater sagt: „Ich bin jetzt viermal so alt wie mein Sohn. In vier Jahren
  werde ich dreimal so alt sein wie mein Sohn. Wie alt bin ich jetzt? Wie alt
  werde ich in vier Jahren sein?"

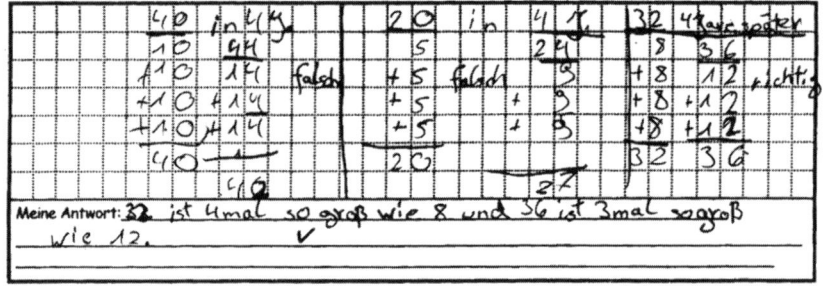

Sophie versuchte es erst mit 40 und 10, dann mit 20 und 5 und schließlich
mit 32 und 8, der richtigen Lösung. Auch Nülifer (unten) wählte eine systematische Vorgehensweise, indem sie 6 und 10 (7 und 11; 8 und 12) mit 4
bzw. 3 multiplizierte, bis sie zur gewünschten Ergebnisgleichheit gelangte.

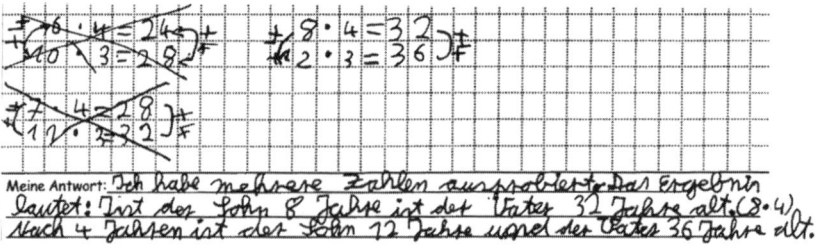

Die Kinder wurden im Übrigen auch gebeten, selbst ein Altersrätsel zu erfinden.

Hamster haben ein kurzes Leben von ca. 3 Jahren. Unsere Tante ist 6 mal so alt wie unser Hamster, der 3 Jahre alt ist. Stirbt ein Hamster aber schon nach 2 Jahren, wieviel mal älter wäre denn unsere Tante?

Schätzaufgaben

Bei Schätzaufgaben muss man bestimmte Werte ausgehend von Alltagserfahrung oder groben Schätzungen annehmen und mit ihnen weiter (überschlägig) rechnen. Bei der *Murmelaufgabe* beispielsweise war die ungefähre Anzahl von Murmeln zu ermitteln, die auf einer karierten Tischdecke lagen.

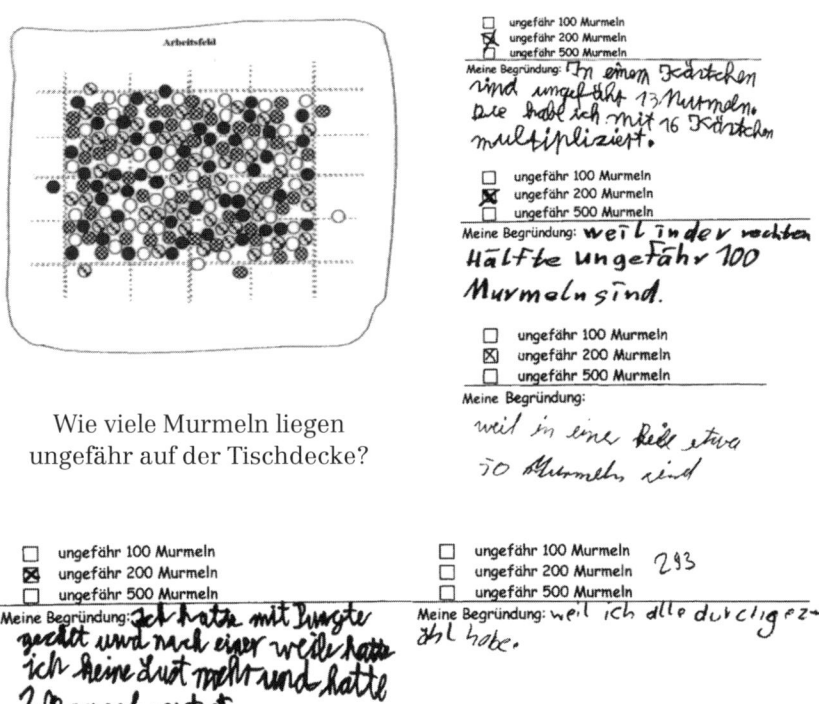

Wie viele Murmeln liegen
ungefähr auf der Tischdecke?

Auch bei der *Dinosaurier*-Aufgabe (Ungefähr wie hoch ist der Dinosaurier?)
war ein Schätzwert anzunehmen, mit dem man weiteroperieren musste.

Erfinderaufgaben

Wie bereits erwähnt, ist bei Experimentier-, Probier- und Schätzaufgaben
die Aufgabenstellung vorgegeben, aber die weitere Bearbeitungsweise offen. Bei einer anderen Kategorie von offenen Aufgaben ist für die Schülerinnen und Schüler auch die Aufgabenstellung bzw. das verwendete Zahlenmaterial nicht präzise festgelegt. Die Schülerinnen und Schüler können
innerhalb vorgegebener Rahmenbedingungen dann selbst Zahlenwerte
wählen und so neue Aufgaben produzieren (vgl. Eigenproduktionen,
Kap. 6.2). Einige Beispiele:

- Erfinde fünf Plusaufgaben! Das Ergebnis soll zwischen 100 und 110 lie-
  gen.
- Finde drei Malaufgaben, die dasselbe Ergebnis haben wie 18 · 24!
- Erfinde selbst eine Dreierzahlenmauer (vgl. Kap. 2) und rechne sie aus!

- Wähle verschiedene Startzahl-Pärchen und berechne die dazugehörigen Zahlenketten (vgl. Kap. 5.4)!
- Erfinde möglichst viele Malaufgaben mit dem Ergebnis 360!
- Erfinde möglichst viele Geteiltaufgaben mit dem Ergebnis 50!
- Erfinde eine Zahlenfolge. Die Startzahl (bzw. die fünfte Zahl) soll 20 sein!

Zur Illustration ein Beispiel mit Schülerlösungen: Mit Hilfe einer Hunderterkette sollten die Schülerinnen und Schüler am Ende des 1. Schuljahres Aufgaben finden, die das Ergebnis 100 aufwiesen.

Hierbei notierten viele von ihnen Aufgaben mit genau zwei Summanden, wie beispielsweise Stephanie. Alexander hingegen schrieb nicht nur einige Plusaufgaben mit zwei Summanden auf – darunter die Summe $55 + 55$ –, sondern auch ein Produkt ($10 \cdot 10$) sowie mehrere Kettenaufgaben, bei denen er drei, vier, elf sowie sechsundfünfzig Zahlen miteinander verknüpfte. Larissa gab nicht nur alle Zerlegungen in Zehnerzahlen von $10 + 90$ bis $100 + 0$ an, sondern auch systematisch variierte Summen mit drei Summanden: Neben der Gleichung $30 + 30 + 40$, die im oberen Bereich ihres Blattes steht, wo sie die Zerlegungen in zwei Summanden angab, notierte sie $20 + 40 + 40$, $40 + 20 + 40$ (etwas tiefer), $40 + 40 + 20$; $50 + 20 + 30$, $20 + 50 + 30$, $30 + 20 + 50$ sowie $10 + 80 + 20$, $80 + 20 + 10$, $20 + 10 + 80$.

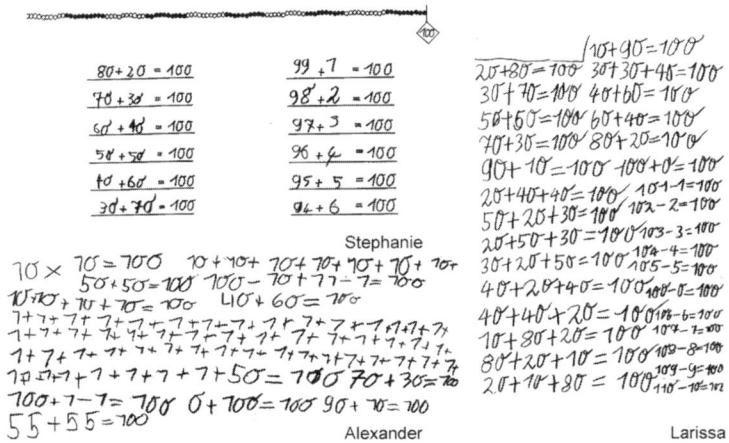

Stephanie

Alexander

Larissa

Zwar weisen die letzten drei Aufgaben jeweils das Resultat 110 auf; das ändert jedoch nichts an der Brillanz ihres Vorgehens, jeweils drei Summanden gezielt zu verändern. Zum Schluss variierte sie die Aufgabe $101 - 1$ durch gleichsinniges Erhöhen von Minuend bzw. Subtrahend operativ und produzierte so insgesamt elf Minusaufgaben.

5.4 Prozessbezogene Aufgaben

Durch prozessbezogene Aufgaben kann man mehr über die diesbezüglichen Kompetenzen der Kinder erfahren. Daher sollten sie kontinuierlich solche Aufgaben bearbeiten, bei denen sie Zusammenhänge erkennen und übertragen, eigene Überlegungen beschreiben, Begründungen angeben, Sachsituationen mathematisieren oder geeignete Darstellungen auswählen müssen (vgl. hierzu neben KMK (2004) die downloadbaren Module aus dem Sinus-Projekt von SELTER (2004) und WALTHER (2004)).

Strukturieren wollen wir die prozessbezogenen Aufgaben idealtypisch in drei Gruppen, wobei es verkürzt gesagt um das *Entdecken*, das *Begründen* und das *Übertragen* (Weiterdenken) geht. Die drei Oberbegriffe sind weder klar voneinander zu trennen noch so zu verstehen, dass sie eine zeitliche Abfolge zum Ausdruck bringen. Je nach Problemkontext kann beispielsweise manchmal das Übertragen von Zusammenhängen einfacher sein als das Entdecken oder das Begründen. In anderen Fällen sollte es erst im Anschluss an Aktivitäten dieser beiden Typen im Vordergrund stehen.

Wir wollen die Besonderheit des jeweiligen Aufgabentyps zunächst durch charakteristische Fragestellungen bzw. Impulse verdeutlichen.

**Fragestellungen/Impulse zum Entdecken,
Begründen und Weiterdenken**

Schwerpunkt ,entdecken'

- Vergleiche die einzelnen Aufgaben! ... Zahlen! ... Ergebnisse!
- Was fällt dir auf? Was stellst du fest? Was hast du beobachtet?
- Was ist gleich? Welche Zahlen sind gleich? Welche Ergebnisse sind gleich?
- Was ist anders? Welche Zahlen verändern sich? Wie unterscheiden sich die Ergebnisse? Wann ist das Ergebnis am größten (kleinsten)?
- Welche Regel kannst du formulieren? Was vermutest du?
- Trage die fehlenden Zahlen ein!
- ...

Schwerpunkt ,begründen'

- Warum ist das so? Kann das stimmen? Warum bzw. warum nicht?

- Wie bist du auf deine Antwort gekommen? Woher weißt du das?
- Bist du sicher, dass deine Antwort stimmt? Warum bzw. warum nicht?
- Eike behauptet … Marvin behauptet … Wer hat Recht? Warum?
- Wie viele Möglichkeiten gibt es? Warum sind dies alle?
- Welche Ergebnisse kann es geben? Warum?
- …

Schwerpunkt ‚weiterdenken'
- Wie könnte es weitergehen? Wie geht es weiter? Wie muss es weitergehen?
- Ist das immer so? Wann nicht?
- Was passiert, wenn …? Was passiert mit …, wenn …? Was ändert sich (wie), wenn …?
- Finde weitere …
- …

Im Folgenden werden wir zur Illustration jeweils zwei Aufgaben für die Arithmetik, die Geometrie und das Sachrechnen angeben, die prozessbezogene Kompetenzen ansprechen.

Entdecken, Begründen und Weiterdenken: Arithmetik

Als erstes Beispiel befassen wir uns mit den so genannten Spiegelaufgaben (vgl. VERBOOM 2004). Hier wird von einer dreistelligen Zahl ihre so genannte Spiegelzahl subtrahiert, die durch Umkehren der Ziffernreihenfolge entsteht. Als Resultate entstehen bestimmte Zahlen, die eine 9 als Zehnerziffer aufweisen (099, 198, 297, 396 usw.). Auffällig ist bei ihnen auch, dass die Addition von Hunderter- und Einerziffer ebenfalls 9 ergibt.

Alle Ergebniszahlen sind zudem Vielfache von 99, was man sich am Beispiel der Aufgabe 853 – 358 wie folgt erklären kann. Wenn man diese aufsplittet, erhält man drei Teilaufgaben: 800 – 300, 50 – 50 und 3 – 8. Da die mittlere Differenz 0 ergibt, bleiben nach Durchführung der ersten Subtraktion noch 500 übrig, von denen man noch 5 subtrahieren muss: 500 – 5. Bei anderen Zahlenwerten bleiben analog 600 – 6 oder 800 – 8 übrig. Diese Differenzen kann man stets als Vielfache von 100 – 1 = 99 ausdrücken, also z. B. $6 \cdot (100 - 1) = 6 \cdot 99$.

So ausführlich werden die Kinder diese Aufgaben in der Regel nicht analysieren; gleichwohl gibt es eine ganze Reihe von Auffälligkeiten zu entdecken, wie die folgenden beiden Schülerdokumente zeigen (vgl. Eigenproduktionen in Kap. 6.2).

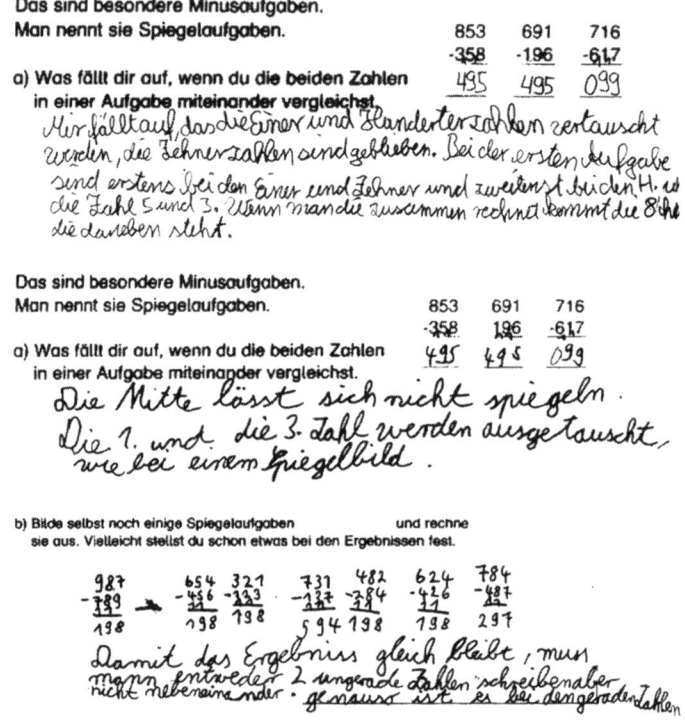

Ein zweites Beispiel zur Arithmetik: *Zahlenketten* werden wie folgt gebildet: Man wähle zwei *Startzahlen*, schreibe sie nebeneinander hin und notiere rechts daneben deren Summe. Daneben notiere man die Summe aus der 2. und der 3. Zahl als Zielzahl, also z. B.

2, 10, 12, **22** oder **8, 4,** 12, **16.**

Zahlenketten bieten vielfältige Möglichkeiten der Aufgabenvariation, nicht nur für Grundschülerinnen und -schüler, sondern auch in den weiterführenden Schulen. Einer der denkbaren Problemkontexte für das 1./2. Schuljahr kann wie folgt formuliert werden:

- Finde möglichst viele (alle) Zahlenketten mit der Zielzahl 20!
- Woher weißt du, dass du alle Möglichkeiten gefunden hast?

Mit Hilfe einer Tabelle können Leserinnen und Leser die konstanten Veränderungen der ersten bzw. gegenläufig der zweiten Startzahl erkennen. Ausgehend von 20 und 0 sowie 18 und 1 erhält man insgesamt elf verschiedene Startzahl-Pärchen.

20	0	20	20
18	1	19	20
16	2	18	20
...	...	...	...
0	10	10	20

Jüngere Schüler gehen in der Regel nicht auf Anhieb so systematisch vor, aber nach zieltransparenter Aufgabenstellung durch die Lehrerin („Gibt es eine Strategie, mit der du alle Lösungen finden kannst?") und einiger Zeit der Auseinandersetzung setzen sich Ordnungsschemata nach und nach durch. Zur Illustration möchten wir einige Beispiele von Zweitklässlern angeben, die in der Auseinandersetzung mit der modifizierten Aufgabe entstanden sind, bei einer *Fünferkette* die Zielzahl 100 zu erreichen.

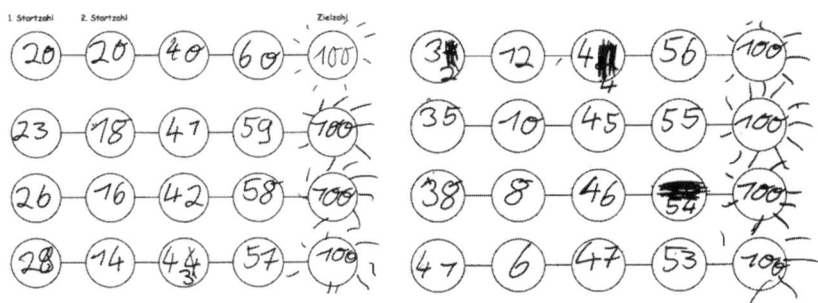

Eine andere Aufgabe für die Schüler bestand darin, Zahlenketten mit einer selbst gewählten Zielzahl zu finden.

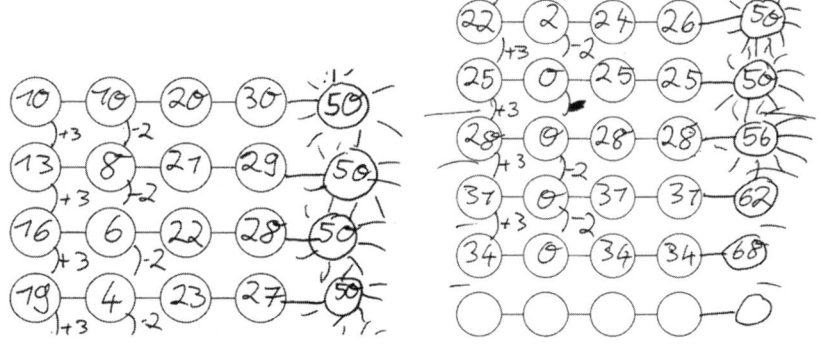

Diese Aufgabenstellung wurde von einigen Kindern auch auf Sechserketten übertragen.

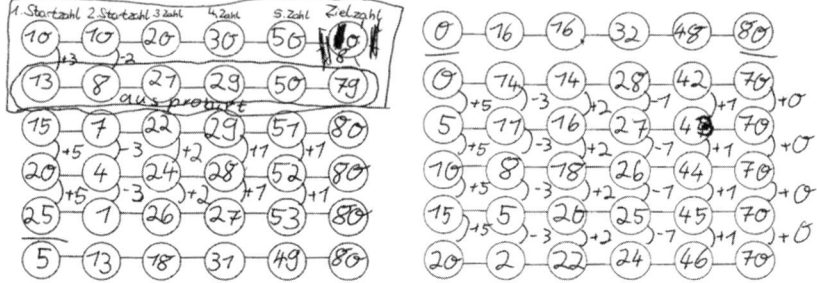

Weitere Variationen, die im Vorfeld sinnvoll sind, bestehen etwa in der Auseinandersetzung mit folgenden Fragestellungen (vgl. auch Kap. 6.2): Was geschieht, wenn man …

- … die erste (zweite) Zahl um 1, 2, 3, … erhöht bzw. vermindert?
- … beide Startzahlen um 1, 2, 3, … erhöht bzw. vermindert?
- … die beiden Startzahlen vertauscht?
- … zwei gleiche Startzahlen verwendet?

Entdecken, Begründen, Weiterdenken: Geometrie

Auch für die Geometrie möchten wir Beispielaufgaben angeben. Als *Geobretter* werden in der Regel quadratische Holzbretter mit 3 · 3 oder 4 · 4, bisweilen auch mit 5 · 5, in gleichem Abstand zueinander eingeschlagenen Nägeln bezeichnet, an denen mit Hilfe von Gummibändern verschiedene Figuren oder Streckenzüge gespannt werden können.

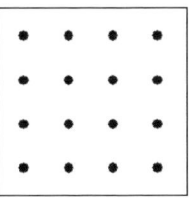

An das freie Spannen selbst gewählter Figuren können sich im 3./4. Schuljahr zahlreiche Aufgaben zum Entdecken, zum Begründen und zum Weiterdenken anschließen, wie etwa:

- Spanne Figuren mit dem Umfang 6! Wie viele findest du?
- Hast du alle Figuren mit dem Umfang 6 gefunden? Warum? Warum nicht?
- Spanne Figuren mit dem Umfang 8! Wie viele findest du?

Eine Aufgabe für Zweitklässler bestand darin, auf dem 3 · 3-Geobrett möglichst viele verschiedene Dreiecke zu spannen und diese auf einem Arbeitsblatt zu dokumentieren und ggf. zu begründen, warum es keine weiteren

Lösungen geben konnte (MAAK 2003, S. 104; RICKMEYER 1997). Zwei Dreiecke wurden dabei als gleich angesehen, wenn man sie durch Drehen des
Brettes oder durch Spiegeln (mit Hilfe eines Spiegels oder von Transparent-
papier) als gleich erkennen konnte.

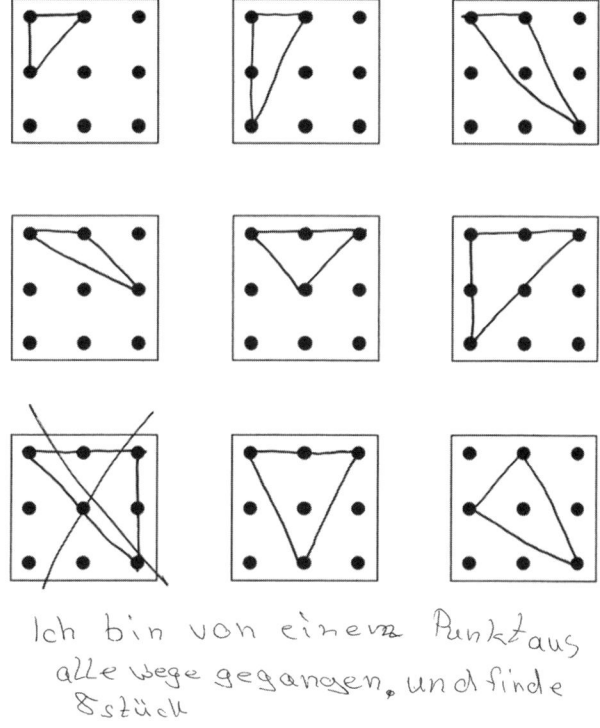

Spanne **verschiedene** Dreiecke und zeichne sie ein!

Ich bin von einem Punkt aus
alle Wege gegangen, und finde
8 Stück

Das Beispieldokument von Alexandra zeigt die acht verschiedenen Dreiecke, die es gibt. Sie ging – angeregt durch die übergeordnete Aufgabenstellung „Gibt es einen Trick, wie du schlau vorgehen kannst?" – direkt sehr
systematisch vor und beschrieb ihr Vorgehen wie aus der Abbildung ersichtlich. Nicht alle Kinder gingen so zielgerichtet vor, wie der nachstehen-
de Kommentar verdeutlicht.

Mehr haben wir nicht gefunden
deswegen wissen wir das es nicht mehr
als 8 gibt

Bei unserem zweiten Beispiel aus der Geometrie sollten Drittklässler möglichst viele Spiegelachsen in regelmäßige Figuren (gleich lange Seiten und gleich große Winkel) einzeichnen und notieren, was ihnen auffiel. Mit Hilfe eines Spiegels untersuchten sie so das regelmäßige Dreieck, Viereck (Quadrat), Fünfeck, Sechseck, Achteck und den Kreis.

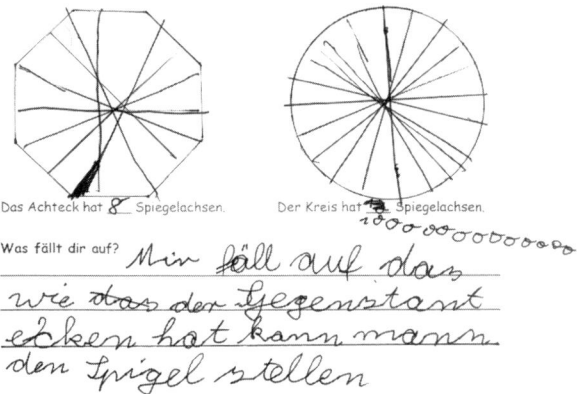

Das Achteck hat 8 Spiegelachsen. Der Kreis hat ∞ Spiegelachsen.

Was fällt dir auf? Mir fäll auf das wie das der Gegenstant ecken hat kann mann den Spigel stellen

Sowohl Dinesh als auch Lydia benannten die Auffälligkeit, dass die Anzahl der Ecken einer regelmäßigen Figur und die der Spiegelachsen miteinander korrespondierten. Interessant sind auch deren Kommentare zur Anzahl der Spiegelachsen des Kreises.

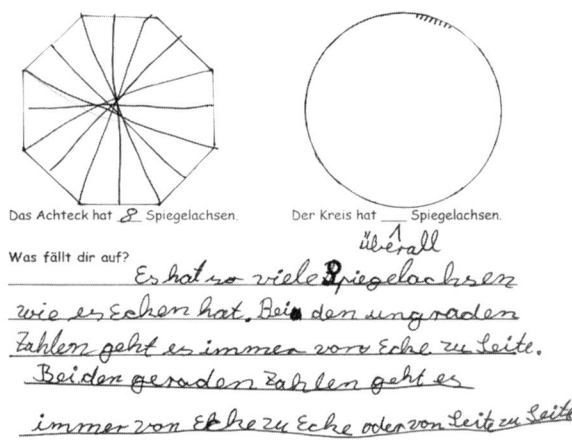

Das Achteck hat 8 Spiegelachsen. Der Kreis hat ____ Spiegelachsen.

Was fällt dir auf? überall Es hat so viele Spiegelachsen wie es Ecken hat. Bei den ungraden Zahlen geht es immer von Ecke zu Seite. Bei den geraden Zahlen geht es immer von Ecke zu Ecke oder von Seite zu Seite.

Entdecken, Begründen, Weiterdenken: Sachrechnen

Schließlich wollen wir zwei Beispiele für den Bereich des Sachrechnens geben. Zur Bearbeitung von Aufgaben des Typs *„Kann das denn stimmen?"* beispielsweise müssen die Kinder einen kurzen (realen oder fiktiven) Zeitungstext erfassen und dessen Wahrheitsgehalt überprüfen. Die Abstraktion von der dort beschriebenen Realsituation sowie die Reflexion über die verwendeten Zahlenwerte und deren Zusammenhang sind hier unverzichtbar.

1000. Sendung

Heute wird zum 1000. Mal die Kindersendung Blinky ausgestrahlt. Sie läuft seit knapp 10 Jahren einmal pro Woche, jeweils am Donnerstag Nachmittag.

☐ Ja, das kann stimmen.

☒ Nein, das kann nicht stimmen.

Meine Begründung: *Weil ein Jahr hat 52 Wochen es sind 10 Jahre · 52 = 520 Sendungen*

1000. Sendung

Heute wird zum 1000. Mal die Kindersendung Blinky ausgestrahlt. Sie läuft seit knapp 10 Jahren einmal pro Woche, jeweils am Donnerstag Nachmittag.

☐ Ja, das kann stimmen.

☒ Nein, das kann nicht stimmen.

Meine Begründung: *Weil Blinki gibs nicht mehr.*

Mehr als 100.000 Besucher

Die Band HOT hatte am Wochenende bei drei Auftritten insgesamt mehr als 100.000 Zuschauer. Am Freitag waren es 29.247, am Samstag 31.235 und am Sonntag 30.548 Zuschauer.

☐ Ja, das kann stimmen.

☒ Nein, das kann nicht stimmen.

Meine Begründung: *Wenn man 29.000 + 31.000 = 90.000 rechnet könnten die die restlichen Zahlen nicht über 10.000 kommen.*

Mehr als 100.000 Besucher

Die Band HOT hatte am Wochenende bei drei Auftritten insgesamt mehr als 100.000 Zuschauer. Am Freitag waren es 29.247, am Samstag 31.235 und am Sonntag 30.548 Zuschauer.

☐ Ja, das kann stimmen.

☒ Nein, das kann nicht stimmen.

Meine Begründung: *Ich habe die Zahlen aufgerundet und zusammengerechnet dabei kamen ungefähr 93000 Besucher heraus.*

2100 Schüler in 22 Klassen

Die Sommerferien sind vorbei. Rund 2100 Erstklässler freuen sich auf ihren ersten Schultag. Sie werden auf insgesamt 22 Klassen verteilt.

☐ Ja, das kann stimmen.

☒ Nein, das kann nicht stimmen.

Meine Begründung: *Weil es sind ca 30 Kinder in einer Klasse und 22 · 30 = 660.*

2100 Schüler in 22 Klassen

Die Sommerferien sind vorbei. Rund 2100 Erstklässler freuen sich auf ihren ersten Schultag. Sie werden auf insgesamt 22 Klassen verteilt.

☐ Ja, das kann stimmen.

☒ Nein, das kann nicht stimmen.

Meine Begründung: *Ich habe 2200 : 22 = 100 gerechnet. Bei 2100 wären es fast 100 Kinder in einer Klasse und so groß ist keine Klasse.*

Lotto-Gewinn	**Lotto-Gewinn**
Über einen Lotto-Gewinn von 593.000 Euro können sich 3 Lotto-Spieler aus Köln freuen. Jeder von ihnen gewinnt fast 200.000 Euro.	Über einen Lotto-Gewinn von 593.000 Euro können sich 3 Lotto-Spieler aus Köln freuen. Jeder von ihnen gewinnt fast 200.000 Euro.
☒ Ja, das kann stimmen.	☒ Ja, das kann stimmen.
☐ Nein, das kann nicht stimmen.	☐ Nein, das kann nicht stimmen.

Meine Begründung: *Ich habe 593.000 auf 600.000 aufgerundet und durch 3 geteilt.*

Meine Begründung: *Aber Aber Aber Aber nur in Etwa kann das stimmen.*

Auch das zweite Beispiel *„große Hunde – kleine Hunde"* verlangt den Einsatz prozessbezogener Kompetenzen, wie etwa des Modellierens oder des Darstellens. Den Zweitklässlern standen Datenblätter für sieben Hunderassen zur Verfügung, die so aufgebaut waren wie die folgenden beiden Beispiele.

Yorkshire Terrier

Der Yorkshire Terrier wurde für die Jagd auf Ratten unter der Erde gezüchtet.

Gewicht: etwa 3 kg (Kilogramm)

Schulterhöhe: 22 cm

Alter: 14 Jahre und älter

Golden Retriever

Der Golden Retriever wurde für die Jagd auf Enten gezüchtet. Er holt die geschossene Ente aus dem Wasser heraus und bringt sie dem Jäger.

Gewicht: etwa 32 kg (Kilogramm)

Schulterhöhe: 60 cm

Alter: 10 bis 12 Jahre

Die Daten sollten herangezogen werden, um die Frage zu beantworten, ob große Hunde älter werden als kleine. Den Kindern wurde der Tipp gegeben, dass ihnen das Ordnen der Daten bei der Beantwortung dieser Frage behilflich sein könnte.

Ordnet übersichtlich!
Diese Wörter können euch helfen: groß, klein, alt, nicht alt

	alter	größe	gewicht
Deutsche Dogge	7 Jahre	80 cm	85 kg
Bernhardiner	10 Jahre	75 cm	80 kg
Goldener Retriever / Deutscher Boxer	10 Jahre	63 cm	37-30 kg
Goldener Ritter	12-12 J	60 cm	32 kg
Yorkshire Terrier	14 J	22 cm	3 kg
Langhaar-Dackel	14-17 J	25 cm	8 kg
& Chihuahua	16-18 J	20 cm	1-2 kg

3. Unsere Entdeckung:
Was mit kleiner werden · kleine
Hunde werden älter als große
Hunde

Naturgemäß gingen sie dabei unterschiedlich vor. Die erste Gruppe erstellte eine herkömmliche Tabelle, in deren Spalten sie Alter, Größe und Gewicht eintrug. So kam sie zu der Schlussfolgerung: „Kleine Hunde werden älter". Eine andere Gruppe erinnerte sich an die Vierfeldertafel, die sie in einem anderen Zusammenhang kennen gelernt hatten, und ordnete die Hunderassen entsprechend ein.

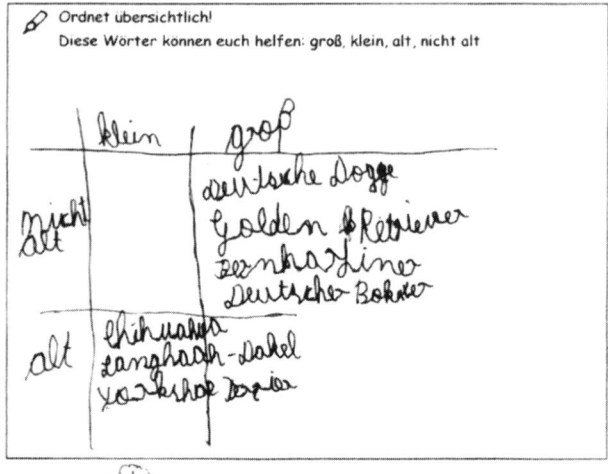

5.5 Aufgaben beurteilen

Es ist offenkundig nicht angemessen, ja teilweise gar nicht möglich, die Lösungen der Schüler zu informativen, offenen und prozessbezogenen Aufgaben lediglich danach zu bewerten, ob die Ergebnisse richtig oder falsch sind. In diesem Kapitel wollen wir daher beispielhaft zeigen, wie eine breitere Beurteilungsgrundlage aussehen könnte, und dabei stets auch den Aspekt der Praktikabilität im Hinterkopf behalten.

INGENKAMP (1995, S. 6) berichtet in diesem Zusammenhang von einer interessanten Untersuchung, die mit Gymnasiallehrern durchgeführt wurde. Das Phänomen ist aber vermutlich auch auf die Grundschule übertragbar. Die Lehrer wurden zunächst gefragt, welche Beurteilungskriterien sie bei schriftlichen Schülerarbeiten im Fach Deutsch anlegten. Spontan nannten 79 % die Rechtschreibung und 31 % den Ideenreichtum. Dann wurde ihnen eine Liste mit fünf Kriterien vorgelegt, und sie sollten die beiden wichtigsten auswählen. Nun wählten nur noch 13 % die Rechtschreibung, während 46 % den Ideenreichtum ankreuzten.

In der Mathematik spielten die Rechengenauigkeit (51 % spontan, 6 % bei Auswahl) sowie Problemerfassung und Kreativität des Lösungsweges (58 % bzw. 92 %) eine vergleichbare Rolle. Das zeigt, wie wichtig es ist, solche Beurteilungskriterien ins Blickfeld zu rücken, die über die Anzahl der Fehler beim Reproduzieren von Kenntnissen und Fertigkeiten hinausgehen.

Transparenz der Kriterien

Nicht nur den Lehrpersonen, sondern auch den Kindern sollten die zentralen Beurteilungskriterien – in altersangemessener Form – transparent gemacht werden. Mit anderen Worten: Sie sollten wissen, welche Leistungen von ihnen erwartet werden, denn bewusstes Lernen und Leisten ist vielfach effizienter und erfolgreicher, da man erreichbare Ziele vor Augen hat (vgl. Kap. 4.1).

Gerade in Bezug auf informative, offene und prozessbezogene Aufgaben, die für manche Kinder zunächst einmal ungewohnt sein mögen, zahlt es sich daher aus, mit den Schülerinnen und Schülern über die Kriterien der Beurteilung zu sprechen. Wie dies in die Praxis umgesetzt werden kann, wollen wir nun illustrieren.

Im ersten Beispiel sollte Zweitklässlern deutlich werden können, dass unterschiedliche Begründungen ein und desselben Sachverhaltes im Kontext des Mathematikunterrichts durchaus qualitativ unterschiedlich gewichtet werden können. Aus diesem Grund erhielten die Kinder zusätzlich zu dem vorgegebenen Rechenweg für die Aufgabe 6 · 8 (*„Ich rechne zuerst 5 · 8 und dann noch 1 · 8 dazu.“*; Lilis Rechentrick) Begründungen von fünf verschiedenen Kindern, die diese auf einer dreistufigen Skala (☺, ☹, ☺) daraufhin bewerteten, wie gut die Erklärung ihres Erachtens zum Rechenweg passte.

Zudem sollten sie ihre Einschätzung begründen („Diese Erklärung finde ich ___, weil ...“). Die verschiedenen Äußerungen und ihre unterschiedliche Qualität sowie die Kriterien für ‚gute‘ Erklärungen wurden dann anschließend in der gemeinsamen Reflexion über ‚Rechentricks beim Einmaleins‘ thematisiert.

Welche Erklärung für Lillis Rechentrick findest du gut ☺ ?

• *Timo* sagt: „ Das macht Lilli so, weil es so einfacher ist."
Diese Erklärung finde ich ☹ , weil *es ist keine erklerung*

• *Natalie* sagt: „ Das macht Lilli so, weil in beiden Aufgaben die 8 steht."
Diese Erklärung finde ich ☹ , weil *es eigentlich immer noch keine erklerung ist*

• *Christoph* sagt: „ Das macht Lilli so, weil 6 eins mehr ist als 5."
Diese Erklärung finde ich ☺ , weil *es so gans schnel get und einfach ist*

• *Daria* sagt: „ Das macht Lilli so, weil 6 • 8 einmal 8 mehr ist als 5 • 8."
Diese Erklärung finde ich ☺ , weil *so kann man eine aufgabe am leichtesten rechnen*

• *Alina* sagt: „ Das macht Lilli so, weil die Aufgaben etwas miteinander zu tun haben."
Diese Erklärung finde ich ☹ , weil *ich man kann mit anderen ~x~ erklerungen besser rechnen*

Das zweite Beispiel entstammt der Auseinandersetzung mit so genannten Entdeckerpäckchen in einem 4. Schuljahr. Zunächst sollten zwei von fiktiven Kindern gegebene Begründungen miteinander verglichen und bewertet werden.

2. Entdeckerpäckchen	
	1 · 1000 = 1000
	2 · 500 = 1000
	4 · 250 = 1000
	8 · 125 = 1000

Entdeckung: Es fällt auf, dass *immer das gleiche Ergebnis heraus kommt.*

Begründungen:

Felix: „Es kommt immer das gleiche Ergebnis heraus, weil 2 ist doppelt so groß wie 1 und 4 ist doppelt so groß wie 2.

Johanna: „Es kommt immer das gleiche Ergebnis heraus, weil die erste Malzahl verdoppelt wurde und die zweite Malzahl halbiert wurde."

Was ist eine gute Begründung?

Ich finde die Begründung von *Johanna* besser, weil *sie begründet auch, dass die zweite Malzahl halbiert wurde.*

Die nächste Abbildung zeigt Martins selbst erfundenes Päckchen mit einer selbst notierten Entdeckung und zwei selbst ausgedachten Begründungen, die dann anschließend noch durch ihn bewertet wurden. Dadurch, dass die Kinder nicht nur die Entdeckerpäckchen, sondern auch die beiden qualitativ unterschiedlichen Begründungen erfinden sollten, mussten sie sich aus einer anderen Perspektive mit Gütekriterien von Begründungen auseinander setzen, als wenn sie nur vorgegebene Aussagen bewertet hätten.

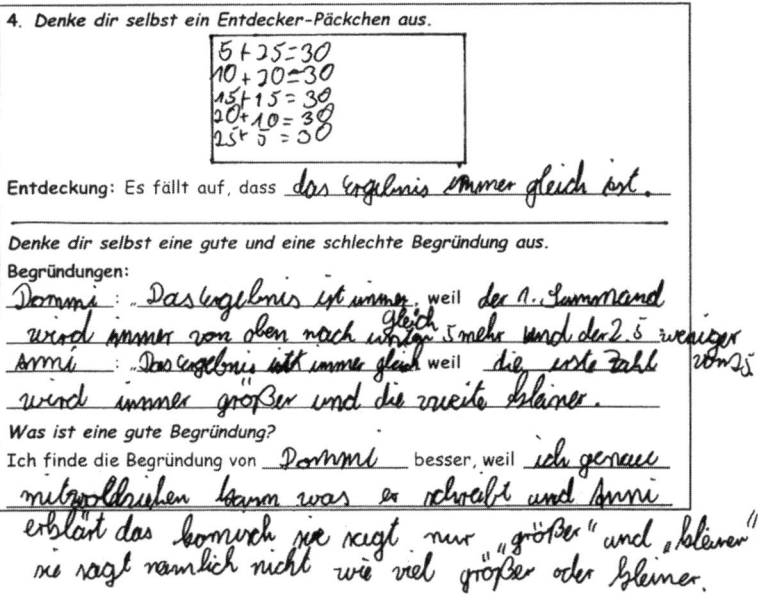

Aufgabenunspezifische Beurteilungsraster

Vorwiegend in der englischsprachigen Literatur gibt es einige Beispiele für aufgaben*unspezifische*, auf eine quantifizierende Bewertung abzielende Raster, die sich bezüglich des Grades der Ausführlichkeit durchaus unterscheiden. Wir schlagen im Folgenden einen solchen Kriterienkatalog vor, verhehlen aber nicht unsere Sympathie für daran angelehnte aufgaben*spezifische* Raster. Im vorliegenden Beispiel können zunächst fünf wichtige Teilaspekte getrennt voneinander mit Punktzahlen von 0 bis 3 bewertet werden.

A: Inwieweit ist die Aufgabenstellung verstanden worden?

3   vollständig   2   weitgehend
1   teilweise   0   nicht

B: Kann der Lösungsweg zu einer korrekten bzw. einer nachvollziehbaren Antwort führen?

3   ja   2   weitgehend
1   teilweise   0   nein

C: Werden Kenntnisse und Fertigkeiten fehlerfrei eingesetzt?

3   immer   2   weitgehend
1   bisweilen   0   fast nie bzw. nie

D: Wird ein korrektes Resultat erzielt?

3   vollständig   2   weitgehend
1   nur in Ansätzen   0   nein

E: Werden der Lösungsweg bzw. das Resultat (durch Erläuterungen, Zeichnungen, klare Darbietung, ...) adressatenbezogen dargestellt?

3   vollständig   2   weitgehend
1   nur in Ansätzen   0   nein

Nicht bei jeder Aufgabe können sinnvollerweise alle fünf Aspekte beurteilt werden. Bei der Ermittlung der daher von Aufgabe zu Aufgabe möglicherweise differierenden Gesamtpunktzahl durch Addition der Teilpunktzahlen kann es natürlich auch nahe liegend sein, die einzelnen Aspekte unterschiedlich zu gewichten, etwa Nummer 4 doppelt zu zählen.

Im folgenden Beispiel bearbeitete die Viertklässlerin Kim die Aufgabe „Drei Freunde haben im Lotto zusammen 9546 Euro gewonnen. Wie viel Euro bekommt jeder?".

$$
\begin{array}{r}
\overset{7}{5}46 \\
-222 \\
\hline
324
\end{array}
$$

8. $300 : 3 = 100$

9. $20 : 3 = 6 \ R \ 1$

10. $4 : 3 = 1 \ R \ 1$

$$
\begin{array}{r}
100 \\
+ \ 7 \\
+ \ 2 \\
\hline
109
\end{array}
\qquad
\begin{array}{r}
109 \\
+109 \\
+109 \\
\hline
327
\end{array}
$$

Die Lehrerin bewertete Kims Bearbeitung mit Hilfe der fünf Kriterien wie folgt: Dass sie die Aufgabe verstanden hat, zeigt sich daran, dass sie 9546 durch 3 dividierte. Auch ihr Lösungsweg, die 9546 zu zerlegen, ist durchaus sinnvoll, wenngleich bei der halbschriftlichen Division die Zerlegung in Tausender, Hunderter, Zehner und Einer nicht selten zu Resten in den Teilresultaten führt, mit denen man geeignet weiterrechnen muss.

• Aufgabe verstanden?	**3**/3 Punkten
• passender Lösungsweg?	**2**/3 Punkten
• richtige Zwischenergebnisse?	**1**/3 Punkten
• richtiges Endergebnis?	**0**/3 Punkten
• Lösungsweg gut erklärt?	**2**/3 Punkten

Bei der Division mit Rest machte Kim einige Fehler, so dass sie letztendlich nicht zum korrekten Resultat kam. Sie versuchte aber, ihren Rechenweg u. a. durch die Nummerierung der Teilschritte deutlich zu machen.

Eine genau aufgeschlüsselte Beurteilung, die in diesem Fall zu 7 von 15 möglichen Punkten geführt hat, müsste unseres Erachtens voraussetzen, dass den Kindern diese Kriterien vorher bekannt sind. Anschließend sollte man mit den Kindern über die Auswertung sprechen, damit es nicht bei der wenig informativen Punktzahl bleibt.

Wir verhehlen nicht, dass wir eine ganzheitlichere Sicht auf die individuellen Kompetenzen favorisieren, die zu aufwändigeren, aber dann für das Kind auch informativeren Rückmeldungen führt (vgl. Kap. 8), wie es das folgende Beispiel zeigt.

Liebe Kim,
du hast am Anfang einen richtigen
Lösungsweg eingeschlagen (Nr. 1-4).
Auch die Idee, eine Probe zu machen
(Nr. 6) finde ich toll!
Leider hast du dich aber bei Nr. 2 und
Nr. 3 verrechnet. Ich habe dir einen
möglichen Lösungsweg für Nr. 2
aufgeschrieben:

$$500 : 3 =$$
$$\overline{300 : 3 =}$$
$$150 : 3 =$$
$$30 : 3 =$$
$$20 : 3 =$$

Kannst du die Aufgabe weiterrechnen?
Liebe Grüße von deiner Frau Sundermann

Aufgabenspezifische Beurteilungskriterien

Bei einer ganzen Reihe von Aufgaben wird man sinnvollerweise keine auf-
gabenunspezifischen, sondern aufgabenspezifische Beurteilungskriterien
heranziehen. Diese wollen wir exemplarisch anhand verschiedener Schülerlösungen zum dritten Teil der folgenden Aufgabe erläutern, in dem die
Kinder ihre Auffälligkeiten begründen sollten („Das ist so, weil ...").

4. Aufgabenpärchen

a) Rechne beide Minusaufgaben aus. Vergleiche die Ergebnisse.	Mir fällt auf, dass _____
$\begin{array}{r} 7\ 6\ 5 \\ -\ 3\ 4\ 2 \end{array} \qquad \begin{array}{r} 7\ 6\ 6 \\ -\ 3\ 4\ 3 \end{array}$	* Das ist so, weil _____

Kein Punkt für die Begründung wurde vergeben, wenn das Antwortfeld leer
blieb oder die Schülerinnen und Schüler Äußerungen notierten, die nicht
dazu geeignet waren, die Gleichheit der Ergebnisse (verstehbar) zu erklären.

Das ist so, weil ... [handwritten student answers]

Einen von drei Punkten gab es für Antworten, bei denen ansatzweise, aber nicht sachadäquat auf die Zusammenhänge zwischen den Minuenden und den Subtrahenden der beiden Aufgaben Bezug genommen wurde.

[handwritten student answers]

Zwei Punkte erhielten diejenigen Schülerinnen und Schüler, die eine Erhöhung der Einer um 1 erwähnten, aber nicht deutlich genug zum Ausdruck brachten, dass Minuend und Subtrahend jeweils um dieselbe Zahl vergrößert wurden.

[handwritten student answers]

Die *Maximalpunktzahl* schließlich wurde vergeben, wenn dieser Zusammenhang angeführt wurde.

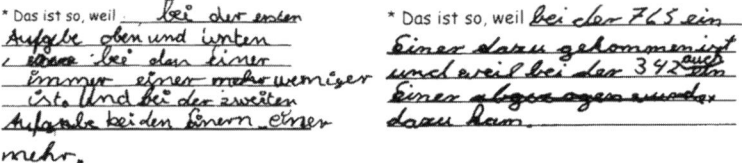

Beurteilungen vereinfachen

Aus Zeitgründen ist es u. E. *von Fall zu Fall* durchaus sinnvoll, Prozesse der Leistungsfeststellung und der Leistungsbeurteilung zu vereinfachen. Einen

Vorschlag hierzu machen wir im Folgenden. So kennt man insbesondere aus zentralen Lernstandserhebungen Aufgaben der drei folgenden Typen.

- *Multiple-Choice-Aufgaben,* bei denen es für eine Aufgabe mehrere mögliche Resultate gibt, von denen man eines ankreuzt.

    Beispiel: Welche Zahl ist um 100 größer als 10200?

    ☐ 20200   ☐ 10300   ☐ 10100   ☐ 10210

- *Zuordnungsaufgaben,* bei denen man eine bestimmte Anzahl von Antworten einer bestimmten Anzahl von Aufgaben zuordnen muss.

    Beispiel: Ungefähr wie viel wiegt … ? Verbinde Gegenstand und passendes Gewicht!

1 t	100 kg	1 kg	10 kg

- *Fill-in-Aufgaben,* bei denen man die Antwort in ein vorgegebenes Feld eintragen muss.

    Beispiele: a) Rechne aus! 230 + 320 = _____

                      b) Ein Würfel hat ___ Ecken.

Gegen den *dosierten* Einsatz solcher Aufgabenformate ist nichts einzuwenden, wenn es vorrangig um das Abfragen von Kenntnissen und Fertigkeiten geht. Denn sie sind vergleichsweise leicht zu ‚korrigieren‘. Allerdings sollte dieses stets im Wissen um deren beschränkte Aussagekraft erfolgen.

Sie können bisweilen auch bei informativen und prozessbezogenen Aufgaben genutzt werden, um den Zeitbedarf für das Durchsehen zu reduzieren. Denn es ist zum Beispiel bei Aufgaben zum Beschreiben und Begründen nicht immer ganz einfach, Lösungswege der Kinder zu verstehen und mit vertretbarem Aufwand angemessen zu beurteilen.

Voraussetzung ist jedoch stets, dass das Nachdenken der Kinder nicht durch die Vorgabe der Lösungsmöglichkeiten verhindert, sondern ihnen stattdessen das Verstehen der Aufgabenstellung bzw. die Artikulation ihrer Gedanken erleichtert wird.

Zunächst geben wir Beispiele für informative Aufgaben, bei denen das Ankreuz-, das Fill-in- und das Zuordnungsformat genutzt wurden.

1. Im Kopf oder schriftlich?

Überlege, wie du die Aufgabe rechnen würdest. Kreuze dann an.

Wichtig: Du brauchst sie nicht zu ausrechnen.

Beispiel:	500 + 200	☒ im Kopf		☐ schriftlich
a.	555 + 666	☐ im Kopf		☒ schriftlich
b.	1 200 + 2 400	☒ im Kopf		☐ schriftlich
c.	4 567 + 2 534	☐ im Kopf		☒ schriftlich
d.	4 000 + 3 999	☒ im Kopf		☐ schriftlich
e.	12 000 + 17 000	☒ im Kopf		☐ schriftlich
f.	50 001 + 40 001	☒ im Kopf		☐ schriftlich

Was gehört zusammen?

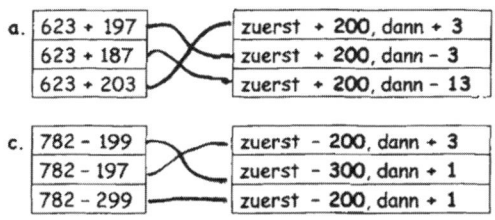

a.
623 + 197		zuerst + 200, dann + 3
623 + 187		zuerst + 200, dann – 3
623 + 203		zuerst + 200, dann – 13

c.
782 – 199		zuerst – 200, dann + 3
782 – 197		zuerst – 300, dann + 1
782 – 299		zuerst – 200, dann + 1

Wie hängen die beiden Aufgaben zusammen?

| 630 + 330 = 960 | 270 + 430 = 700 | 740 + 250 = 990 |
| 650 + 320 = 970 | 290 + 420 = 710 | 760 + 240 = 1000 |

Wenn man den **1.** Summanden um **10 vergrößert** und den **2.** Summanden um **10 verkleinert**, wird das Ergebnis um **10 größer**.

Auch bei prozessbezogenen Aufgaben ist der Einsatz solcher Formate denkbar.

Besondere Ergebnisse

Regel: Von einer Zahl wird immer die Spiegelzahl abgezogen, zum Beispiel 54–45= 9.

Rechne die Aufgaben aus. Kreuze dann an, welche Sätze für die zehn Beispiele stimmen und welche nicht.

54–45= 9	76–67= 9	98–89= 9	72–27= 45	84–48= 36
91–19= 72	64–46= 48	32–23= 18	81–18= 63	65–56= 9

	stimmt	stimmt nicht
Alle Ergebnisse sind kleiner als 100.	✗	
Bei allen Aufgaben kommt 9 als Ergebnis heraus.		✗
Das größte Ergebnis ist 45.	✗	
Alle Ergebnisse sind Zahlen aus der Neunerreihe.	✗	
Wenn sich Zehner und Einer um 1 unterscheiden, ist das Ergebnis 9.	✗	

Verbinde immer Zahlenfolge und Rechenregel!

Verbinde immer Zahlenfolge und Rechenregel. Trage die fehlenden Zahlen ein.

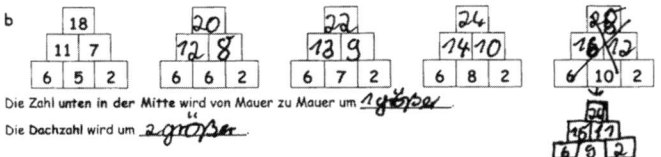

Zahlenfolge	Rechenregel
5, 15, 25, 35, 45, 55	immer abwechselnd minus 3, minus 4
100, 95, 90, 85, 80, 75	immer abwechselnd mal 2, plus 1
20, 22, 32, 34, 44, 46, 56	immer minus 5
50, 47, 43, 40, 36, 33, 29	immer abwechselnd plus 10, minus 1
10, 20, 19, 29, 28, 38, 37	immer mal 2
1, 2, 4, 8, 16, 32, 64	immer plus 10
1, 2, 3, 6, 7, 14, 15	immer abwechselnd plus 2, plus 10

Was verändert sich von Mauer zu Mauer?

b

Die Zahl unten in der Mitte wird von Mauer zu Mauer um *1 größer.*

Die Dachzahl wird um *2 größer.*

Die Aufmerksamkeit bei der letzten Zahlenmaueraufgabe beispielsweise wird auf das fokussiert, was die Lehrperson wissen will. Allerdings können von den Schülern andere Auffälligkeiten hier nicht artikuliert werden, z. B. dass unten links stets eine 6 steht oder dass jede Mauer drei Stockwerke besitzt. Zur Erhöhung der Aussagekraft kann natürlich in einem zweiten Teil der Aufgabe von den Schülerinnen und Schülern verlangt werden, die Antwort zu begründen.

Bei einem anderen Beispiel für den Typ der Fill-in-Aufgaben geht es darum, das Bewusstsein für eine realistische Größenordnung von Zahlenangaben zu schärfen sowie neues Sachwissen zu erwerben. Darüber hinaus können die Kinder dabei mit den verschiedenen Schreib- und Sprachweisen vertraut werden, die zu den unterschiedlichen Verwendungssituationen von Zahlen gehören, und sie korrekt verwenden lernen (vgl. SPIEGEL/WENNING 1991).

Arbeitskarte 7

Fast_____ Kinder sehen nach_____ Uhr fern. _____ wurde festgestellt, daß jeden Werktag nach _____ Uhr noch ungefähr _____
Kinder zwischen _____ und _____ Jahren vor dem Fernsehschirm sitzen,
an Samstagen sind es sogar _____ . Die Kinder saßen durchschnittlich
rund _____ Stunden (_____ Minuten) täglich vor dem Fernsehgerät.

(eineinhalb, sechs, 13, 22, 22, 88, 1987, 200000, 200000, 650000)

6 Leistungen dokumentieren

Für ein authentisches Bild dessen, was Kinder leisten, ist es unverzichtbar, auch deren ‚Alltagsleistungen' zu dokumentieren. Nicht zuletzt auf dieser Grundlage können individuelle Fördermaßnahmen – keineswegs nur für die schwächeren Schüler – geplant werden. Daher wollen wir in diesem Kapitel beschreiben, wie man Dokumente und Beobachtungen aus dem Unterrichtsalltag in die Leistungsfeststellung, -beurteilung und -rückmeldung einbeziehen kann. Im Einzelnen befassen wir uns mit

- *Ritualen*, wie dem Mathebriefkasten oder den Wochenblättern,
- *Eigenproduktionen*, dokumentiert etwa auf ‚weißen Blättern' oder in Forscherheften, sowie
- *Expertenarbeiten*, wie etwa Referaten oder Ausstellungen.

6.1 Rituale

Damit die Leistungen der Kinder kontinuierlich beurteilt und gefördert werden können, bedarf es gewisser Rituale, von denen wir mit dem *Mathebriefkasten* und den *Wochenblättern* zwei vorstellen möchten. Außerdem gehen wir auf *Beobachtungsbögen* und *Beobachtungskarten* ein.

Mathebriefkasten

Einen regelmäßigen Einblick in individuelle Leistungsstände erhält man beispielsweise, indem man einen so genannten Mathebriefkasten einrichtet – einen mit gelbem Papier beklebten Schuhkarton mit Schlitz.

In diesen Briefkasten werfen die Kinder individuelle Aufgabenbearbeitungen, die nicht länger als fünf bis zehn Minuten in Anspruch genommen haben sollten. Vorab hat die Lehrerin am Ende – oder in Ausnahmefällen auch am Beginn – einer Unterrichtsstunde, eines Tages oder einer Lerneinheit eine A5- oder A6-Karteikarte bzw. ein entsprechend großes Blatt Papier ausgeteilt. Darauf notieren die Schüler zunächst Datum und Namen sowie die Antwort auf eine Frage bzw. die Bearbeitung einer Kurzaufgabe.

Die Art der Aufgabenstellung hängt natürlich davon ab, was im Zusammenhang mit dem bereits durchgeführten oder dem noch bevorstehenden

Unterricht erhoben werden soll. Sie kann sich beispielsweise auf die Verfügbarkeit von Kenntnissen oder Fertigkeiten, das Verständnis von Verfahren oder Konzepten oder die Ausprägung von Haltungen oder Einstellungen beziehen. Beispielaufgaben sind:

- Schreibe auf, wie du 701 – 698 rechnest. Schreibe dann noch einen weiteren Rechenweg auf.
- Schreibe fünf Malaufgaben mit dem Ergebnis 1000 auf.
- Runde 1251 auf Hunderter und beschreibe, warum du so vorgehst.
- Erkläre, warum bei der Addition von zwei ungeraden Zahlen immer eine gerade Zahl herauskommt.
- Schreibe auf, was du heute gelernt (gemacht) hast.
- Schreibe eine Frage oder eine Idee auf, die du zur heutigen Stunde (zu einem bestimmten Lerninhalt) hast.

Denkbar ist hier – mit Ausnahme des letztgenannten Auftrags – neben einer globalen Einschätzung (richtig bzw. nicht richtig) eine differenziertere Beurteilung, etwa auf einer mehrstufigen Skala, die von +++ bis – reicht. Dies soll anhand von Schülerlösungen zur folgenden Aufgabenstellung exemplarisch verdeutlicht werden: *„Zeichne zwei Kreise, die einen Abstand von 2 cm zueinander haben. Erkläre, wie du vorgegangen bist."* Den Kindern war im Übrigen bekannt, dass es sich um Kreise mit demselben Mittelpunkt handeln sollte.

genaue Zeichnung UND verständliche Erklärung einer korrekten Vorgehensweise (+++)	genaue Zeichnung ODER verständliche Erklärung einer korrekten Vorgehensweise (++)

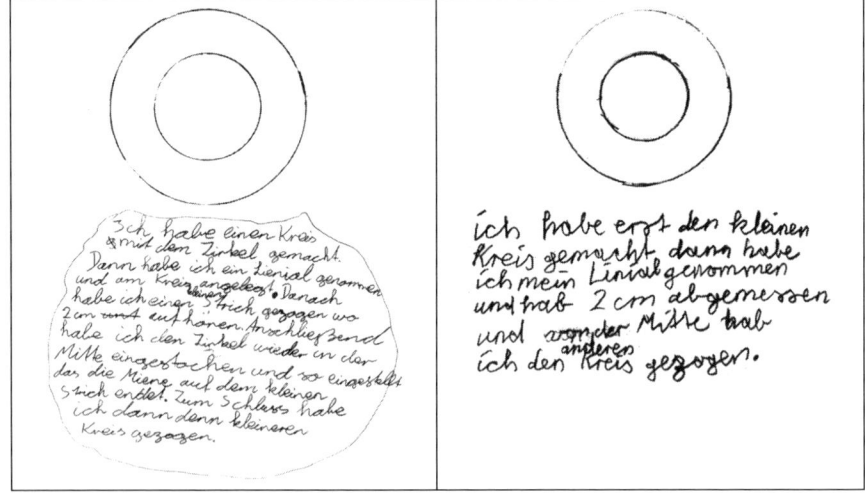

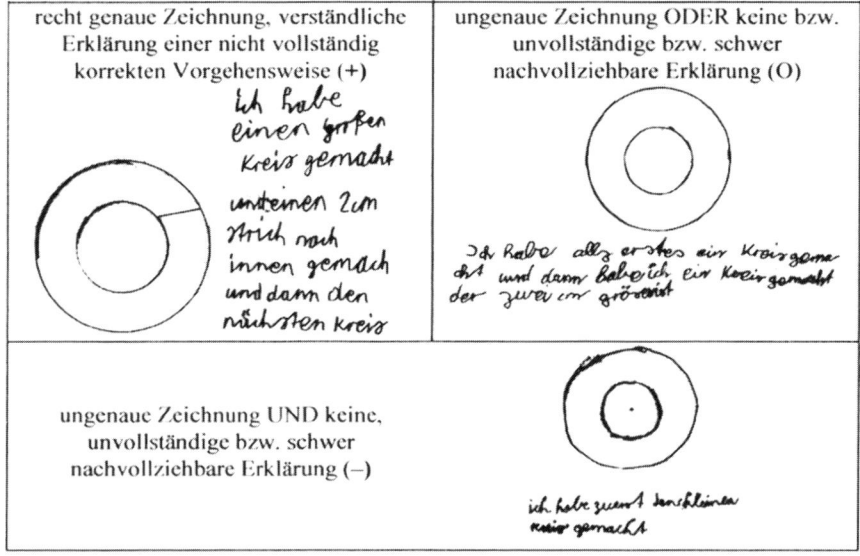

Das Zeichen ,/' signalisiert zudem, dass das Kind die entsprechende Aufgabe – z. B. aufgrund von Krankheit – nicht bearbeitet hat. Wird einmal pro Woche eine Aufgabe für den Mathebriefkasten gestellt, erhält man so von jedem Kind innerhalb eines Schuljahres 40 Dokumente, also pro Halbjahr 20. Im Folgenden geben wir zur Illustration noch vier weitere solcher Kurzaufgaben an. Sie entstammen dem Unterricht eines zweiten Schuljahres und geben – zur Verminderung des Schreibaufwandes für die Kinder – die Aufgabenstellung bereits verschriftlicht vor.

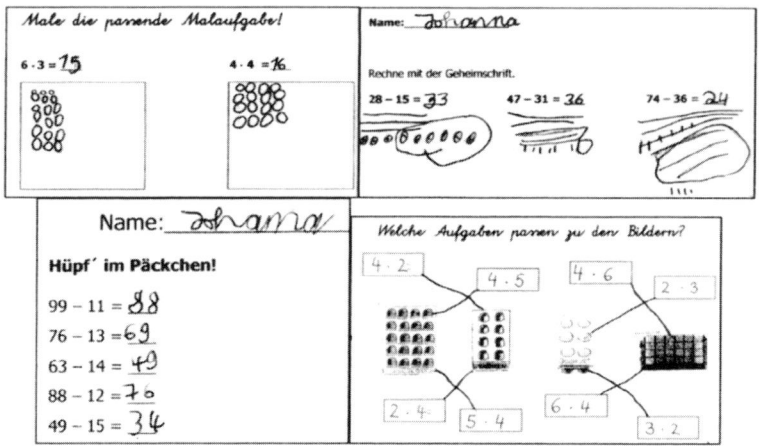

Die Leistungen der Schülerinnen und Schüler bei Kurzaufgaben über ein Schulhalbjahr hinweg hält man zweckmäßigerweise in einer Tabelle fest. In der Vorspalte stehen die Namen der Kinder, in der Kopfzeile die jeweilige Aufgabenstellung und das Datum.

Werden in kurzer Zeit und bezogen auf ein bestimmtes Thema vergleichsweise viele solcher Aufgaben gestellt, bietet sich auch eine *themen*bezogene Klassenliste an. Sofern es sinnvoll ist, werden die einzelnen Teilbeurteilungen dann zu einer Gesamteinschätzung zusammengezogen.

Klasse 4a – Mathematik – Mathebriefkasten
– Schuljahr 2004/2005, 2. Halbjahr –

Mathebrief Nr.			1	2	3	...	21	gesamt
Datum			18.2.05	25.2.05	3.3.05	...	15.7.05	
Thema			Kreis ohne Zirkel zeichnen	Kreis mit Abstand 2cm zeichnen	Kreis in Quadrat zeichnen	...	römische Zahlen	
1	Bayram	Mehmet	+	+ +	+	...	+	+
2	Brandt	Lars	—	O	—	...	O	O
3	Ferro	Angelina	—	/	+	...	O	O
4	Gusowski	Sven	+++	+ +	+++	...	/	+++
5	Hoffmann	Michelle	O	+	O	...	++	+

Wochenblätter

Eine weitere Möglichkeit zur regelmäßigen Dokumentation der Leistungen der Schülerinnen und Schüler bieten die so genannten Wochenblätter. Zu Beginn jeder oder jeder zweiten Woche teilt die Lehrerin ein Blatt (oder mehrere Blätter) aus, das die Schüler in offeneren Phasen des Unterrichts bearbeiten und innerhalb einer Woche der Lehrerin zurückgeben.

Dass die Kinder das Wochenblatt mit nach Hause nehmen, ist möglich. Dieses kann aber u. U. zu verfälschten Eindrücken führen, wenn Eltern massiv helfen oder – bei schwierigen Aufgaben haben wir es erlebt – die Aufgaben selbst lösen, übrigens nicht immer korrekt.

In der Regel macht es Sinn, die einzelnen Aufgaben eines Wochenblattes unter ein gemeinsames Oberthema zu stellen (z. B. „Wir üben das schriftliche Multiplizieren" oder „Entdeckungen an Zahlenmauern"). Von Fall zu Fall – insbesondere zu Übungszwecken – bietet es sich aber auch an, nicht verbundene Aufgaben zu verwenden.

Die Aufgaben eines Wochenblattes sollten so gestellt werden, dass den Kindern eine selbstständige Bearbeitung möglich ist. Unserer Erfahrung nach sollten sie so konzipiert sein, dass ein durchschnittlich schnell arbeitendes Kind sie innerhalb von 45 Minuten bewältigen kann, also insgesamt rund eine Schulstunde pro Woche dafür zu veranschlagen ist. Es kann sinnvoll sein, auf den Wochenblättern diejenigen Aufgaben, die die weiterführenden Anforderungen ansprechen, beispielsweise durch ein Symbol (Sternchen o. Ä.) von denjenigen zu unterscheiden, die die Grundanforderungen repräsentieren, wobei nur diese verbindlich von allen Kindern zu bearbeiten sind.

Auch hier erhält die Lehrerin von jedem Kind im Verlauf eines Schuljahres 40 (bei wöchentlicher) oder 20 (bei zweiwöchentlicher Abgabe) Blätter, aus denen sie dessen individuelle Kompetenzen und Defizite ersehen kann. Um den Aufwand für das Durchsehen auf ein vertretbares Maß herunterzuschrauben, kann man die Aufgaben z. T. so stellen, dass sie mit einer Lösungsschablone leicht durchzusehen sind.

Oder die Schüler sehen ihre eigenen Wochenblätter oder diejenigen ihrer Lernpartner mit Hilfe von Lösungsblättern selbst durch. Dass die Kinder dabei ‚schummeln‘, ist nicht so wahrscheinlich, wenn ihnen klar ist, dass die Wochenblätter nicht unmittelbar in Noten übersetzt, sondern primär als Grundlage einer individuellen Förderung eingesetzt werden.

Zudem wird in Zukunft der Computer vermutlich in höherem Maße, als es momentan der Fall ist, bei „elektronischen Wochenblättern" die Auswertung übernehmen können – zumindest bei eher kenntnis- und fertigkeitsorientierten Aufgaben.

Da Wochenblätter im Grunde kontinuierliche Standortbestimmungen sind (vgl. Kap. 3), bei denen die verschiedenen Aufgabentypen (vgl. Kap. 5) in einem ausgewogenen Verhältnis berücksichtigt werden, können wir an dieser Stelle auf Beispiele verzichten und auf die beiden genannten Kapitel verweisen.

Beobachtungsbögen und Beobachtungskarten

Beobachtungsbögen dienen der Dokumentation insbesondere der mündlichen Leistung. Sie beziehen sich auf zentrale Kriterien und tragen so dazu bei, dass die Lehrerin sich nicht auf zufällig notierte Beobachtungen oder erinnerte Eindrücke allein berufen muss. In der Vorspalte eines Beobachtungsbogens werden die Namen der Kinder, in der Kopfzeile die verschiedenen Beobachtungskriterien eingetragen.

Je nach Möglichkeit werden sie während des Unterrichts ‚en passant' oder in dessen Anschluss ausgefüllt. Die Erfahrung hat gezeigt, dass es hilfreich ist, seine Beobachtungen zu disziplinieren, etwa indem man sich für einen Vormittag auf ein bis zwei Kinder konzentriert.

Das erste Beispiel eines Beobachtungsbogens ist auf der Grundlage der Ausführungen zu fachspezifischen Beurteilungskriterien im Lehrplan des Landes Nordrhein-Westfalen (MSJK 2003, S. 88) entstanden. Dort werden die folgenden zwölf Punkte angeführt, aus denen ebenfalls deutlich wird, dass es im Mathematikunterricht der Grundschule um mehr geht als nur den Erwerb von Rechenfertigkeiten:

- Verständnis von mathematischen Begriffen und Operationen,
- Schnelligkeit im Abrufen von Kenntnissen,
- Sicherheit im Ausführen von Fertigkeiten,
- Richtigkeit bzw. Angemessenheit von Ergebnissen bzw. Teilergebnissen,
- Flexibilität und Problemangemessenheit des Vorgehens,
- Fähigkeit zur Nutzung vorhandenen Wissens und Könnens in ungewohnten Situationen,
- Selbstständigkeit und Originalität der Vorgehensweisen
- Fähigkeit zum Anwenden von Mathematik bei lebensweltlichen Aufgabenstellungen,
- Schlüssigkeit der Lösungswege und Überlegungen,
- mündliche und schriftliche Darstellungsfähigkeit,
- Ausdauer beim Bearbeiten mathematischer Fragestellungen,
- Fähigkeit zur Kooperation bei der Lösung mathematischer Aufgaben.

Name des Kindes	Verständnis von math. Begriffen u. Operationen	Schnelligkeit im Abrufen von Kenntnissen	Sicherheit im Ausführen von Fertigkeiten	Richtigkeit/ Angemessenheit von Teilergebnissen	Flexibilität/ Problemangemessenheit des Vorgehens	Transferkompetenz	Selbstständigkeit/ Originalität des Vorgehens	Anwenden in lebensweltlichen Aufgabenstellungen	Schlüssigkeit der Lösungswege	Ausdauer	Kooperationsfähigkeit
Dezan	O	⊕	⊕	O	O	O	+	+	+	+	+
Jonas	O	⊕	+	O	O	O	O	O	O	+	+
Tim	—	O	O	⊖	----	—	—	⊖	O	—	—
Melina	+	+	+	+	+	++	++	+	-+	+	⊕

Ein zweites Beispiel ist auf der Grundlage von RADATZ u. a. (1998, S. 9) entstanden. Hier wurden folgende Kriterien angeführt ...

- Problemlöseverhalten,
- Eigene Ideen, Kreativität,
- Abstraktionsfähigkeit,
- Transferfähigkeit, Anwenden,
- Argumentieren,

- Arbeitsverhalten,
- Reproduktives Lernen,
- Arbeit mit Partnern, in der Gruppe,
- Lernfortschritte.

Name des Kindes	Problem-löse-verhalten	Eigene Ideen, Kreativität	Abstrak-tions-fähigkeit	Transfer-fähigkeit, Anwenden	Argu-mentieren	Arbeits-verhalten	Repro-duktives Lernen	Arbeit mit Partnern/ Gruppe	Blitz-rechnen	Lernfort-schritte	münd-liche Zensur
Dezan	⊕	+	⊕	⊕	○ n.b.	+	⊕	+	+	+	2
Jonas	○	○	○	○	○	+	+	+	+	+	2-3
Tim	—	—	⊖	⊖	⊖	—	○	—	○	○	4-
Melina	+	++	++	++	+	+	+	⊕	+	⊕	1-

Solche fachbezogenen Beurteilungsbögen sollten u. E. nicht fertig übernommen, sondern (in Absprache mit Kollegen und Kolleginnen) vor dem Hintergrund der eigenen Erfahrungen kritisch diskutiert und in Anbetracht des eigenen Bedarfs modifiziert werden. So wurde im obigen Beispiel der Punkt „Blitzrechnen" hinzugenommen.

Manchmal ist es schwierig, den Überblick über das Unterrichtsgeschehen zu behalten, das Augenmerk auf bestimmte (ruhigere!) Schüler zu richten und sich gleichzeitig schnell im Beobachtungsbogen zurechtzufinden. Daraus ist die Idee entstanden, für jedes Kind eine eigene Beobachtungskarte anzufertigen. Auf der Vorderseite einer Karteikarte stehen der Name des Kindes sowie allgemeine Kommentare bzw. Förderhinweise oder Notizen zu Gesprächen mit den Eltern oder dem Kind (mit Datum). Auf die Rückseite wird eine Tabelle zum Ankreuzen aufgeklebt.

Datum	Thema	Blitz-rechnen	Repro-duktives Lernen	Problem-löse-verhalten	Begrün-den, Dar-stellen	Arbeit mit Partner, Gruppe	Arbeits-verhalten
1.10.	Rechenolympiade: Schriftliche Subtraktion	/	—	—	/	○	+
6.10.	Rechenolympiade: Schriftl. Addition	/	+	+ 245+99; geschickter Weg!	+	○	+
10.12.	Strategiespiele: 10gewinnt	/	/	+	+	+ mit Julia!	+
28.1. 05	Geobrett	/	/	+ 16 Punkte über falten!	+	+ mit Sarah	+

Möglich ist es auch, auf der Rückseite keine Ankreuztabelle vorzusehen, sondern Auffälliges – mit einem Datum versehen – als Kurztext auf der Karte zu notieren.

Jeannine Richter   46 (Mathematik)

1.10.04: Schriftliche Subtraktion: Subtrahiert konsequent kleinere von der größeren Zahl → eigenständige Lösung der Hausaufgaben?
13.10.: Unvollständige Hausaufgaben (wiederholt!) →
15.10.: Gespräch mit Fr. Richter → Hausaufgaben-betreuung im Brühmann-Haus noch den Herbstferien
19.11.: Probearbeit → Blitzrechnen (Zehner-Einmaleins): Info ins Hausaufgabenheft: 1·1 üben!!
8.12.: mit Julia zusammen selbst Mandalas für 46 entworfen!
21.1.2005: Kindersprechtag 46: Sarah neue Lernpartnerin für Blitzrechnen (mit Förderkurs / PC)

Im Unterschied zu einem Beobachtungsbogen für die gesamte Klasse ist dort pro Kind mehr Platz für differenziertere Notizen vorhanden. Der Vorteil gegenüber dem so genannten pädagogischen Tagebuch, bei dem die Lehrerin – wie im echten Tagebuch, das in der Regel in gebundener Form geführt wird – chronologische Notizen macht, besteht u. E. darin, dass es bei den Karteikarten leichter möglich ist, die Leistungen der einzelnen Kinder in den Blick zu nehmen. Denn die über das Tagebuch verstreuten Notizen müssen zunächst für jede Schülerin bzw. jeden Schüler zusammengesucht werden.

6.2 Eigenproduktionen

Wenn die *individuellen* Leistungen der Kinder gefördert und dokumentiert werden sollen, kann das selbstverständlich nicht umfassend dadurch geschehen, dass sie Normantworten auf Standardfragen geben. Im Kapitel 5 haben wir dargestellt, wie in diesem Sinne das Spektrum der Aufgabentypen in *Leistungsfeststellungen* durch die verstärkte Berücksichtigung von informativen, offenen und prozessbezogenen Aufgaben bereichert werden kann. In diesem Kapitel möchten wir den Blick dafür erweitern, indem wir diese Überlegungen mit dem Ansatz in Verbindung bringen, die Schülerinnen und Schüler im *Unterricht* vermehrt zu *Eigenproduktionen* anzuregen. Eigenproduktionen sind mündliche oder schriftliche Äußerungen, bei denen die Schüler selbst entscheiden können, wie sie *vorgehen* und/oder wie sie ihr Vorgehen bzw. dessen Ergebnisse *darstellen* (SELTER 1997). Wir beschränken uns im Weiteren auf *schriftliche* Eigenproduktionen, die in Form von Texten, Zeichnungen, Rechenwegen und deren Misch- und Vorformen auftreten können. Im Vergleich zum Mündlichen erlaubt es das Schriftliche allen Schülern, ,zu Wort zu kommen'.

Eigenproduktionen müssen nicht von einem einzigen Schüler erzeugt werden, sondern können durchaus auch als Gemeinschaftsarbeit entstehen: Entscheidendes Kriterium ist dabei, dass die Schüler sich – sei es als Einzelne, sei es als Gruppe – produktiv in den Lehr-/Lernprozess einbringen können.

Idealerweise gibt es vier Typen von Eigenproduktionen:
* *Erfindungen:* Aufgaben selbst erfinden (vgl. Kap. 5.3).
* *Rechenwege:* Aufgaben mit eigenen Vorgehensweisen bearbeiten (vgl. Kap. 5.2),
* *Forscheraufgaben:* Auffälligkeiten beschreiben und begründen (vgl. Kap. 5.4),
* *Rückschau und Ausblick:* über das Lehren und Lernen schreiben (vgl. Kap. 4.2).

Aus Platzgründen können wir hier nicht alle Typen ausführlich vorstellen und verweisen auf SUNDERMANN/SELTER (2005). Exemplarisch wollen wir aber anhand des zweiten Typs, dem Bearbeiten von Aufgaben mit eigenen Vorgehensweisen, den hohen Informationsgehalt von Eigenproduktionen verdeutlichen.

Als Beispiel hierfür ziehen wir eine Aufgabe heran, die wir – zum Teil recht leistungsstarken – Erstklässlern am Ende des Schuljahres vorgelegt haben (vgl. SPIEGEL/SELTER 2003, S. 108 f.; SUNDERMANN/SELTER 2005, S. 130 ff.): *„Zu einem Elternabend kommen 81 Eltern. Es können immer 6 Eltern an einem Tisch sitzen. Wie viele Tische brauchen wir?"*

In der überwiegenden Zahl der Fälle verstanden die Kinder diese ,Überforderung' als Herausforderung und entwickelten interessante und für uns lehrreiche Lösungsansätze. Oliver beispielsweise begann, sehr detailreich Eltern zu zeichnen, wich davon aber relativ schnell wieder ab und zeichnete – perspektivisch (!) – Sechsertische. Nachdem er den neunten Tisch gezeichnet und mehrfach gezählt hatte, wie viele Eltern er so platzieren konnte, brach er ab. Festzuhalten ist aber, dass er über eine entwicklungsfähige Lösungsidee verfügte. Vermutlich hätte er ein nachvollziehbares Resultat erhalten, wäre er fortgefahren.

 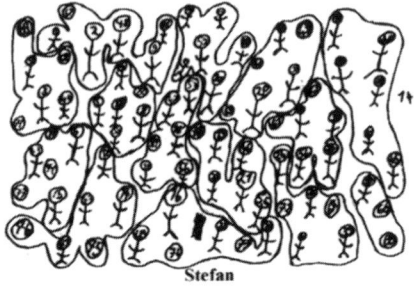

Stefan zeichnete 81 Eltern, zunächst als Strichmännchen, später nur noch als Kreise, die deren Köpfe darstellten. Diese nummerierte er von 1 bis 81 durch, bevor er jeweils sechs von ihnen einkreiste. So erhielt er 13 Gruppen mit jeweils sechs Eltern sowie eine Gruppe mit drei Personen. Das Ergebnis 14 notierte er schließlich rechts neben seiner Zeichnung.

Fiona, Max – man beachte seinen Antwortsatz! –, Meike und Claudio strukturierten die einzelnen Personen noch deutlicher in Sechsergruppen und abstrahierten weiter vom Kontext.

Patty fertigte keine Zeichnung an, sondern subtrahierte fortlaufend 6 – zunächst berechnete sie 81 – 6 im Kopf. Die weiteren Rechnungen dokumentierte sie auf ihrem Blatt. Maurice schließlich löste die Aufgabe multiplikativ.

Aus der Analyse dieser verschiedenen Lösungen kann man relativ viel über die Denkweisen der Kinder erfahren. Darüber hinaus bieten die verschiedenen Eigenproduktionen nicht nur Ankerpunkte für das Nachdenken über die eigenen Vorgehensweisen, sondern auch Anregungen für die Weiterentwicklung der Rechenwege der Mitschülerinnen und Mitschüler. Stefan kann beispielsweise von der Idee der strukturierten Zeichnungen von Fiona profitieren, diese wiederum von Claudios abstrakterer Darstellung usw.

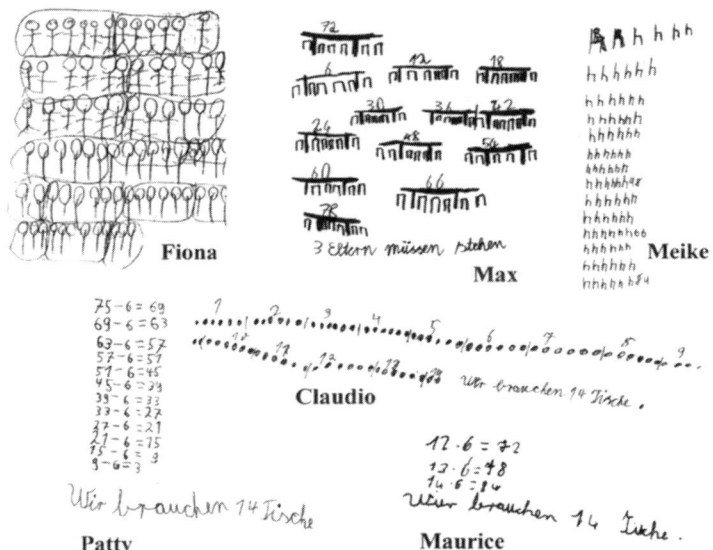

Fiona

Max

Meike

3 Eltern müssen stehen

Claudio

Patty

Maurice

Im Weiteren geben wir einige Beispiele, die verdeutlichen, wie man das Entstehen von Eigenproduktionen im Unterricht anregen kann.

Weiße Blätter und leere Hefte

Ein weißes Blatt regt dazu an, es zu füllen, und kann damit zu Eigenproduktionen führen. So sollten beispielsweise Schülerinnen und Schüler eines zweiten Schuljahres diejenigen Malaufgaben notieren, deren Ergebnisse sie entweder bereits auswendig verfügbar hatten oder aber schon berechnen konnten, bevor dieses Thema im Unterricht behandelt worden war (vgl. Kap. 3.1).

Die beiden Dokumente von René und Manuela lassen verschieden ausgeprägte themenbezogene Vorerfahrungen vermuten.

René notierte siebenundzwanzig Aufgaben, darunter siebzehn aus dem Bereich des kleinen Einmaleins. Bei einer der von ihm angeführten sieben Quadratzahlaufgaben beging er seinen einzigen Fehler ($8 \cdot 8 = 74$). Bei Renés Eigenproduktion fällt auf, dass zwei aufeinander folgende Aufgaben bisweilen dasselbe Resultat aufwiesen oder aber durch ‚Verdoppeln‘ bzw. ‚Halbieren‘ auseinander hervorgingen. Manuela produzierte siebzehn Aufgaben – darunter ‚$2 \cdot 20 = 40$‘; ‚$2 \cdot 40 = 80$‘ sowie ‚$3 \cdot 20 = 60$‘ – ausnahmslos mit korrektem Resultat.

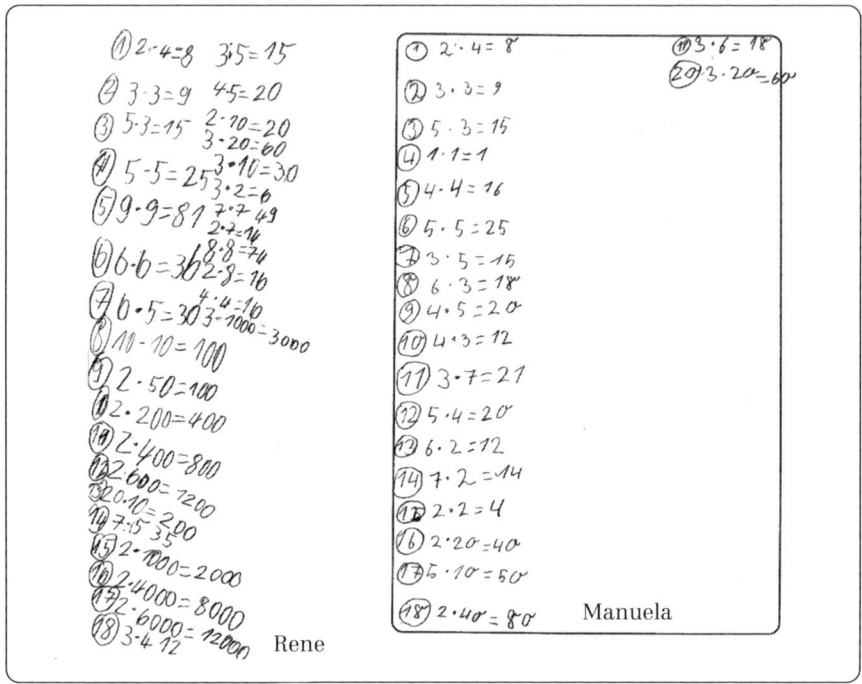

Die ‚Steigerung' des weißen Blattes ist das leere Heft. Es besteht aus mehreren DIN-A4-Blättern, die zusammengelegt, auf DIN A5 gefaltet und ggf. geheftet werden, oder aus einer Sammlung weißer Blätter, die in einen Schnellhefter aufbewahrt werden. Jedes Heft hat eine Titelseite (z. B. Mein Einmaleinsheft) und ist dann für Eigenproduktionen reserviert.

Ein Beispiel hierzu: Erstklässler erstellten während der ersten Schulwochen nach und nach ihr individuelles Zahlenbuch. Die ersten 20 der insgesamt 30 Doppelseiten gaben lediglich die von den Kindern im Unterricht verwendeten didaktischen Materialien vor (Zwanzigerreihe und Zwanzigerfeld). Die verbliebenen 10 Seiten waren leer und konnten für weitere Zahlen genutzt werden, wobei auch solche deutlich außerhalb des Zwanzigerraums gewählt wurden.

Für jede der Zahlen von 1 bis 20 gestalteten die Kinder eine eigene Doppelseite. Hierzu verwendeten sie verschiedene Darstellungen (Zeichnungen, Darstellungen an didaktischem Material, Zeitungsausschnitte, ...; vgl. SUNDERMANN/SELTER 1997).

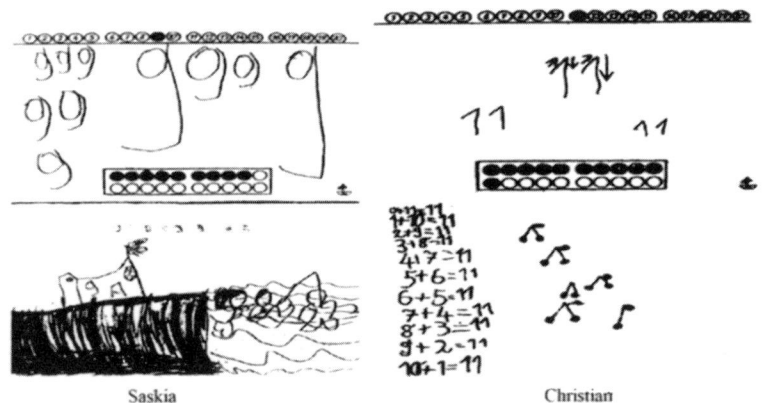

Saskia   Christian

Die beiden Beispielseiten von Saskia und Christian informieren über die Heterogenität der hier zu vermutenden Kompetenzen: Während Saskia auf ihrer Neunerseite zwar die 9 in der Zwanzigerreihe und im Zwanzigerfeld richtig kennzeichnete und eine Reihe von Neunen aufschrieb, malte sie in der unteren Hälfte ein Bild, das schwerlich mit der Zahl 9 in Verbindung zu bringen ist. Christian hingegen gestaltete seine Elferseite so, dass auch er die 11 in die beiden Veranschaulichungen richtig einordnete, ein Bild mit 11 Kirschen malte, angab, wie die 11 laut Ziffernschreibkurs zu notieren sei, und elf Rechenaufgaben mit dem Resultat 11 aufschrieb.

Generell sollte man aus solchen einzelnen Dokumenten nicht zu weit reichende Schlussfolgerungen ziehen, aber die daraus zu gewinnenden Informationen verdichten sich mit weiteren Daten zu einem zunehmend angemesseneren Bild von individuellen Kompetenzen und Defiziten.

Forscherhefte und Mini-Bücher

Ein *Forscherheft* ist in der Regel ein Schnellhefter, in dem Dokumente zu verschiedenen Forscheraufgaben zu unterschiedlichen Problemfeldern über einen längeren Zeitraum hinweg gesammelt werden (vgl. Matheforscher-Diplom, Kap. 3.3), oder auch eine Sammlung von thematisch eng verbundenen Arbeitsblättern, die durch Heftstreifen zusammengehalten werden.

Zur Illustration der zweitgenannten Variante stellen wir ein Zahlenketten-Forscherheft aus einem zweiten Schuljahr vor (vgl. Kap. 5.4). Dessen einzelne Seiten befassten sich mit folgenden Aufgabenstellungen:

- Zwei Startzahlen sind vorgegeben. Berechne Viererketten gemäß der Rechenregel.
- Wähle zwei Startzahlen und berechne die Viererketten.
- Wähle zwei gleiche Startzahlen. Welche Zielzahlen erhält man?
- Erhöhe die erste Startzahl um 1, 2, 3, … Was passiert mit der Zielzahl?

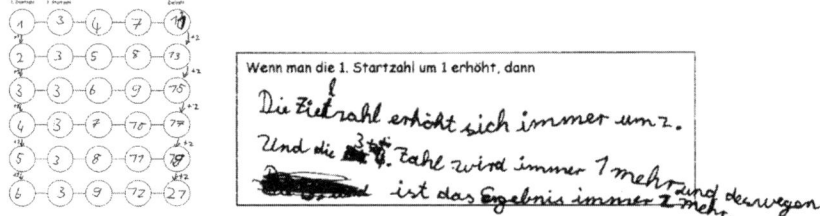

- Erhöhe die zweite Startzahl um 1, 2, 3, … Was passiert mit der Zielzahl?
- Vertausche die beiden Startzahlen. Was passiert mit der Zielzahl?
- Die dritte Zahl lautet 10. Finde verschiedene Zahlenketten. Was fällt dir auf? Hast du alle gefunden? Warum können es nicht mehr sein?
- Die Zielzahl ist 20. Finde verschiedene Zahlenketten. Was fällt dir auf? Hast du alle gefunden? Warum können es nicht mehr sein?
- Finde Zahlenketten mit der Zielzahl 30. Was fällt dir auf?
- Erfinde verschiedene Zahlenketten mit einer Zielzahl deiner Wahl.
- Berechne statt Viererketten Fünferketten oder Sechserketten (hier Zielzahl 80). Was ändert sich? Was bleibt gleich?

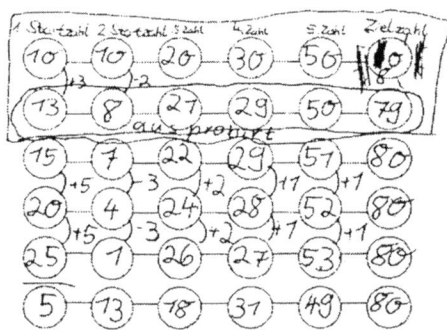

Die Kinder erstellten abschließend Eigenproduktionen, indem sie selbst Aufgaben aus Zahlenketten-Kontext erfanden, die sie auf weißen Blättern bearbeiteten.

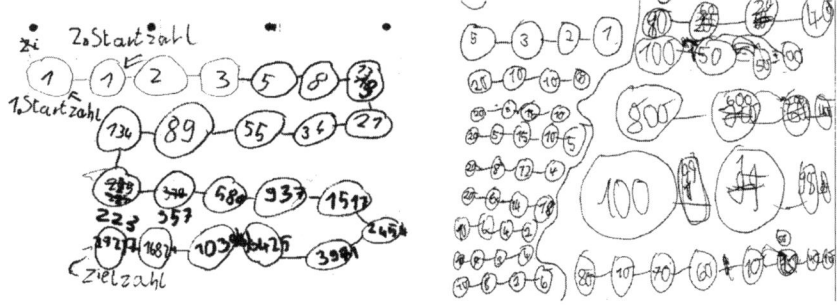

So wollte Hans eine möglichst lange Zahlenkette berechnen. Dabei bewies er, dass er bereits sicher außerhalb des für das 2. Schuljahr vorgesehenen Hunderterraums rechnen konnte. Desiree hingegen erfand Minus-Zahlenketten (Beispiel rechts). Hier wird als nächste Zahl nicht die Summe, sondern stets der Unterschied der beiden Zahlen notiert.

Um die Leistungen der Kinder zu beurteilen und rückzumelden, wurde ein Rückmeldebogen genutzt (vgl. Kap. 8). Generell empfiehlt es sich nach unserer Erfahrung übrigens, ausgewählte Blätter vor der Rückgabe an die Kinder zu kopieren und gemeinsam mit beispielsweise Beobachtungsbögen oder -karten in einer Hängeregistratur aufzubewahren, um so die eigene Beurteilungsbasis für die Gesamtleistung der einzelnen Kinder zu erweitern.

Zahlenketten-Forscher
Rückmeldebogen

Dein Forscherheft   *Lieber Mehmet!*

	☺	☺	☹	Kommentar
Die Arbeitsblätter hast du **vollständig** bearbeitet	X			
Die Arbeitsblätter hast du **richtig** bearbeitet		X		*Bei den Zielzahl-Aufgaben wolltest*
Die Arbeitsblätter hast du **sorgfältig** bearbeitet	X			*du unbedingt die Zielzahl erreichen und hast dann die*
Du hast ~~immer~~ *manchmal* einen Forscherbericht geschrieben		X		*Rechenregel nicht mehr beachtet.*
*Du hast auch zusätzliche Arbeitsblätter bearbeitet	X→			*Tolle Idee, bei den*
*Du hast eigene Aufgaben erfunden				*6er-Zahlenketten*
...				*erst die 1., dann*
				die 2. Startzahl zu (☺) erhöhen.

Du hast dich sehr angestrengt. Prima!

Bei *Forscherheften* werden Material bzw. die Aufgabenstellungen nach und nach ergänzt. Das ist auch abhängig davon, welche Aufgaben die Kinder wählen bzw. sich selbst stellen, und davon, was Gegenstand der Unterrichtsgespräche ist.

Bei den *Mini-Büchern* wird das gesamte Material oder zumindest ein Großteil davon den Kindern direkt zu Beginn ausgeteilt. Die Kinder arbeiten darin dann alleine oder in kleineren Gruppen in offeneren Unterrichtsphasen bei individueller Zeiteinteilung. Allerdings wird vorab ein Termin festgelegt bzw. vereinbart, an dem die Kinder die Arbeit im Mini-Buch abgeschlossen haben müssen. Als Beispiel hierfür beschreiben wir das Körperbuch (eine um ‚weiße Blätter' erweiterte Fassung von NÜHRENBÖRGER 2001), mit dem Zweitklässler arbeiteten.

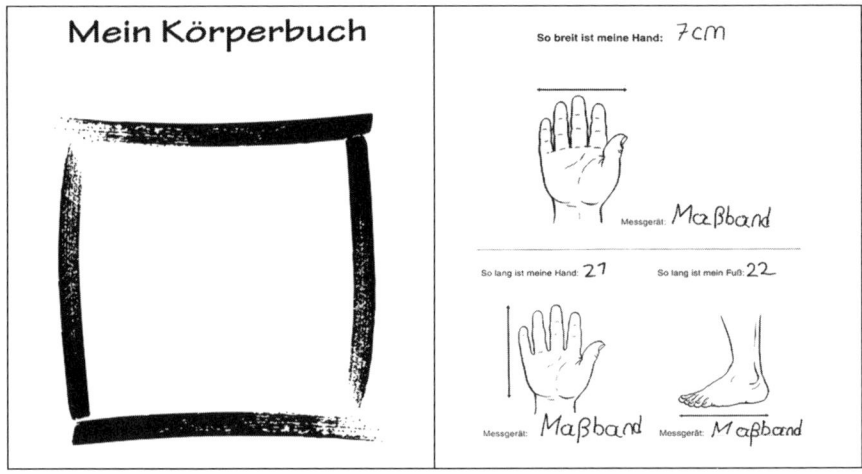

Im Körperbuch sind verschiedene, auf den menschlichen Körper bezogene Messaktivitäten gesammelt. Zunächst maßen die Kinder mit Hilfe anderer Kinder ihre eigene Größe, ihre Größe mit nach oben gestreckten Armen und ihre Armspanne. Nach der Reflexion der Messergebnisse und der Messvorgänge arbeiteten die Kinder dann individuell an der Ermittlung und Dokumentation weiterer Längenmaße, wie der normalen oder der maximal möglichen Schrittlänge, des Kopfumfangs, der Handspanne, der Breite des Mundes im „Normalzustand" oder bei Freude usw.

Neben weiteren Seiten, die sich mit dem Messen mit Hilfe von Körpermaßen wie Elle oder Fuß befassten, gab es im Mini-Buch auch mehrere weiße Blätter, die die Kinder für Eigenproduktionen nutzen konnten.

Lucie und Ann-Kathrin beispielsweise ermittelten die Gesamtgröße aller Kinder der Klasse. Dazu nutzten sie eine in der Klasse aushängende Liste, in die alle Körpergrößen eingetragen worden waren. Dabei offenbarten sich erstaunliche Rechenfähigkeiten, wenngleich sie zu einem letztlich unrealistischen Resultat kamen.

Zunächst nahmen sie an, dass jedes der 22 Kinder mindestens ein Meter groß sei, was zu einer Gesamtgröße von 22 Metern führte. Dann ermittelten sie jeweils, um wie viele Zentimeter das jeweilige Kind größer war als ein Meter (z. B. 1,25 m → 25 cm).

Diese Unterschiede addierten sie nach und nach einzeln bzw. für zwei oder drei Kinder zusammengefasst zu den 22 Metern (60 cm = 19 cm + 27 cm + 14 cm). Dass sie am Schluss ein falsches Resultat erhielten, erklärt sich durch einen Übertragungsfehler, durch den aus der 24 eine 34 wurde.

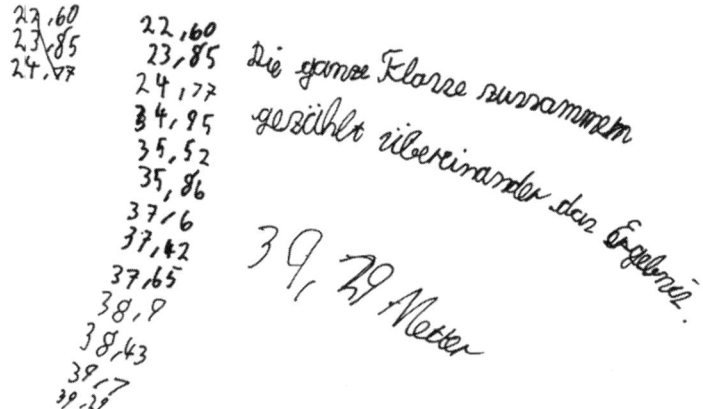

Erfundene Aufgaben und Ratespiele

Einen anderen Rahmen für das Entstehen von Eigenproduktionen bietet die Grundidee, Kinder Aufgaben für andere Kinder der eigenen Klasse erfinden zu lassen und diese mittels einer Aufgabenkartei oder einer so genannten Knobelleine zu veröffentlichen. Bei Letzterer handelt es sich um eine an der Wand, in Augenhöhe der Kinder befestigte Schnur, an die diese mit Hilfe von Wäscheklammern ihre selbst erfundenen Aufgaben heften. Auf der Vorderseite der Knobelblätter oder -karten steht die Aufgabe und der Name des Erfinderkindes, auf der Rückseite die Lösung oder der Verweis, dass die Lösung beim Erfinderkind zu erhalten ist.

> Jetzt bist du König! Und als erstes hast du riesigen Hunger! Du
> fragst, was es denn gibt. Aber heute gibt's nichts! Du hast aber
> Kohldampf. Du weißt aber nicht, was du machen sollst und gehst
> erst mal wieder in deine Hütte, um mit den Eingeborenen zu
> schimpfen. Doch da ist niemand. Nur ein paar Ratten laufen
> herum. Sie haben auch Hunger. Eine Frau sagt dir, dass der
> Eingeborenen-Koch krank ist. Da kommt der Häuptling und sagt:
> „Dann kocht ihr heute! Viel Spaß!" Du willst meckern aber du
> bist ja der König und hast ja auch Hunger. Du suchst dein
> Lieblingsrezept raus. Dann sucht ihr die Zutaten zusammen.
>
> **Rezept für Wikinger Kohltopf (für 4 Personen)**
> **1 kg Weißkohl**
> **250 g Äpfel (gerieben)**
> **500 g Quark**
> **2 EL Butter**
> **Pfeffer und Kümmel**
> **Alles in eine Schüssel geben und kochen. Lecker!**
>
> Du Musst überlegen, für wie viele Leute du kochen musst. In
> dem Dorf leben nämlich 447 Eingeborene – und du willst ja auch
> etwas essen! Alle sind von eurem Essen begeistert! Der
> Häuptling sagt: „Nächste Woche haben wir Eingeborenentreffen!
> Da könnt ihr noch mal kochen! Es kommen dann noch 44 Leute
> aus dem Nachbardorf." Und so lebst du glücklich auf der Insel bis
>
> zu deinem **Ende!**

So kann man Schülerinnen und Schüler beispielsweise im Zuge der Einführung des Einmaleins bitten, selbst kurze Textaufgaben zu erfinden („In einer Packung sind immer 6 Sticker. Wie viele Sticker sind in 5 Packungen?").

Denkbar ist auch, die Kinder längere Rechen-Geschichten für andere Kinder schreiben zu lassen, wie etwa die folgende, die im Kontext eines fächerübergreifenden Vorhabens zum Thema „Piraten" in einem 4. Schuljahr entstanden ist. Die Mannschaft ist auf einer Eingeboreneninsel gelandet, und der Kapitän ist zum König bestimmt worden ...

Eine andere Möglichkeit besteht darin, die Kinder Aufgaben für ein Arbeitsblatt oder für die nächste Klassenarbeit erfinden zu lassen. Das erfordert von den Kindern Reflexion über das, was behandelt worden ist, was als schwierig und als einfach gilt.

Im folgenden Beispiel lautete der Auftrag für die Viertklässler: „Denke dir eine Zirkelaufgabe für unsere nächste Mathearbeit aus." Die Kinder wurden gebeten, nicht nur die Aufgabe zu formulieren, sondern auch eine Lösung anzugeben, so wie es aus den Dokumenten von Florian und Xenia erkenntlich ist. Wie solche erfundenen Aufgaben in die Klassenarbeit einbezogen werden können, beschreiben wir in Kap. 7.2.

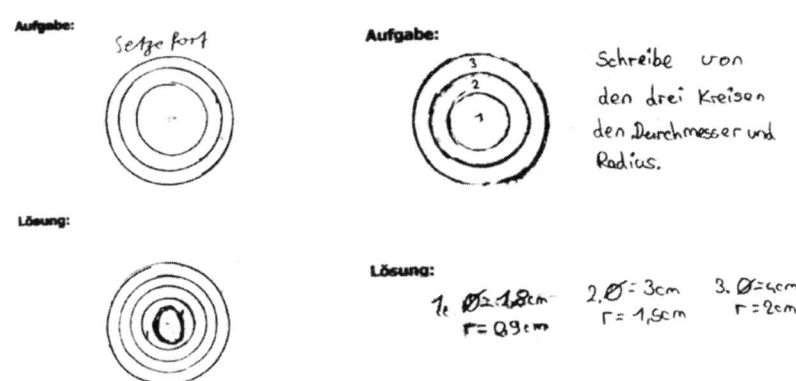

Aufgaben können auch für eine Aufgabenkartei erfunden werden. So notierte Karin auf der Vorderseite einer Karteikarte die Frage: Wie kannst du dieses Muster zeichnen?, und gab auf der Rückseite die Lösung an.

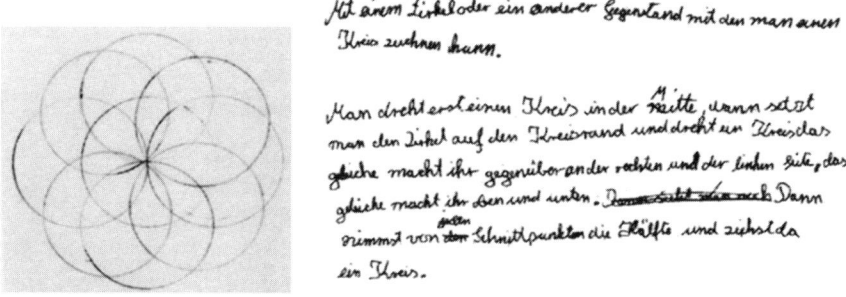

Auch im Kontext eines Quiz können Eigenproduktionen entstehen, etwa wenn die Kinder selbst die *Rätselaufgaben* und Antwortmöglichkeiten – zum Beispiel im „Wer wird Millionär-Stil" – erfinden. Die folgenden Beispiele entstammen einer Unterrichtsreihe, innerhalb deren sich die Schülerinnen und Schüler mit geometrischen Grundbegriffen auseinander setzten und Quiz-Aufgaben für die Schüler der Parallelklasse entwickelten, die diese dann lösen sollten.

Was ist eine Parallele
A: Der Mittelpunkt
B: Ein Halbkreis
C: 2 Striche die den gleichen Abstand haben
D: Ein Quadrat

Was ist eine Gerade?
A: eine Linie ohne anfang und ende
B: eine Linie mit anfang und ende
C: eine Linie von oben nach unten
D: ein Kreis

Ein letzter Vorschlag: Vorzugsweise am Ende eines Lernabschnitts kann man die Kinder bitten, selbst (in Farbe) eine *Schulbuchseite* für andere Kinder zusammenzustellen, zum Beispiel für diejenigen, die diesen Lerninhalt in der Schule noch nicht kennen gelernt haben. Jennifer hat eine solche Schulbuchseite für Einmaleins-Anfänger erstellt.

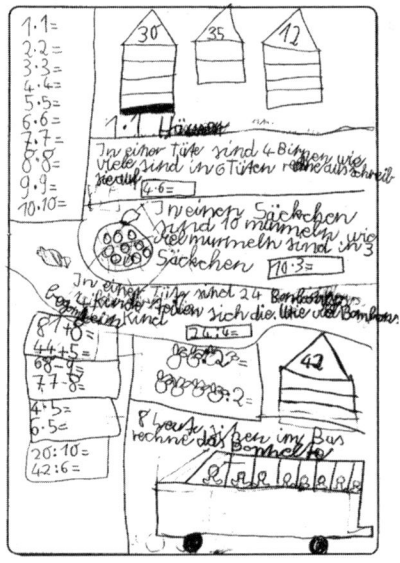

Sie begann, indem sie die Quadratzahlreihe von ‚1 · 1‘ bis ‚10 · 10‘ notierte, weil es sich hierbei ihrer Meinung nach um ‚schöne‘ und nicht schwierige Aufgaben handele. Dann malte sie einige Zahlenhäuser und versah sie mit den Dachzahlen ‚30‘, ‚35‘ und ‚12‘; sie empfand dieses Aufgabenformat als recht einfach. Außerdem notierte sie drei Textaufgaben, weil ihrer Meinung nach ein Anfänger zuerst einmal Textaufgaben lösen müsse, und ergänzte diese durch die Vorgabe von Zeichnungen bzw. hervorgehobenen Zahlensätzen. Zudem gab sie noch jeweils zwei Aufgabenstellungen für die vier

Grundrechenarten an, erfand ein weiteres Zahlenhaus – diesmal mit der Dachzahl ‚42' – und notierte zwei Aufgaben in einer Mischform aus ikonischer und symbolischer Darstellungsform. Aufschlussreich an dieser Seite für Einmaleins-Anfänger ist nicht zuletzt, was Jennifer für vergleichsweise einfach hielt und demzufolge für diese Schülergruppe als geeignet ansah.

6.3 Expertenarbeiten

In diesem Abschnitt beschreiben wir verschiedene Formen von Expertenarbeiten. Darunter verstehen wir von Schülergruppen, manchmal auch von einzelnen Schülern, (mit)geplante, über einen längeren Zeitraum durchgeführte und den Mitschülern vorgestellte Vorhaben, in deren Zentrum die produktive Auseinandersetzung mit einer komplexeren Aufgabe steht.
Denkbar sind unterschiedliche Formen: Die Gruppen arbeiten
- an *derselben* Aufgabe mit *denselben* (vorgegebenen) Schwerpunkten (z. B. Expertengruppen zur schriftlichen Subtraktion)
- an *derselben* Aufgabe mit *unterschiedlichen* (vorgegebenen oder selbst festgelegten) Schwerpunkten (z. B. Entdeckungen an Zahlenketten)
- an *unterschiedlichen* (aber verwandten) Aufgaben mit *denselben* (vorgegebenen) Schwerpunkten (z. B. kriteriengeleitete Vorstellung verschiedener strategischer Spiele)
- an *unterschiedlichen* (aber verwandten) Aufgaben mit *unterschiedlichen* (vorgegebenen oder selbst festgelegten) Schwerpunkten (z. B. „Auf Entdeckungsreise ins Reich der Zahlen", s. u.).

Mögliche Beurteilungskriterien sind:
- Verständlichkeit und Anschaulichkeit: Wird das Thema nachvollziehbar bearbeitet? Werden hilfreiche Beispiele verwendet?
- Übersichtlichkeit und Sauberkeit: Werden Prozesse und Produkte klar und ansprechend dargestellt?
- Korrektheit und Souveränität: Werden die Sachverhalte richtig dargestellt? Werden Erläuterungen sicher gegeben?
- Eigenständigkeit und Originalität: Hat die Gruppe selbstständig gearbeitet? Ist sie bei der Bearbeitung und Darstellung eigene Wege gegangen?
- Engagement und Kooperationsfähigkeit: Zeigen die Gruppenmitglieder ‚Einsatz'? Arbeiten sie gut zusammen (ausreden lassen, Aufgaben übernehmen, …)?

Damit die Leistungen der Kinder gefördert und angemessen beurteilt werden können, müssen ihnen die Hauptbewertungskriterien in verständlicher Weise nahe gebracht werden (s. u., vgl. Kap. 5.5). Im Folgenden befassen wir uns mit verschiedenen Formen von Expertenarbeiten, von denen immer auch Kombinationen denkbar sind:

- Erstellen eines Plakats oder eines Infoblattes,
- Halten eines Referats oder einer Unterrichtssequenz,
- Konzeption einer Lernstation oder eines Arbeitsblatts,
- Durchführung einer Ausstellung oder Präsentation.

Nicht immer müssen natürlich alle der o. a. Kriterien erfüllt sein oder zur Beurteilung herangezogen werden. Sie sollten – auch unter Einbezug der Kinder – z. B. bei der Erstellung eines Posters oder Plakats noch spezifischer ausgearbeitet werden: Inwieweit wird Farbe als Strukturierungshilfe verwendet? Wird sauber geschrieben? Werden die einzelnen Teilaspekte sinnvoll angeordnet? usw.

Plakate und Infoblätter

Als erste Form von Expertenarbeiten möchten wir diejenigen anführen, bei denen die Kinder Informationen, die sie sich erarbeitet haben, für andere aufbereiten und anderen in schriftlicher Form zur Verfügung stellen. Aurel und Alexandru beispielsweise haben zum Thema „Geheimschriften"auf einem Stück Plakatkarton erklärt, wie man mit der 5 · 7-Methode geheime Botschaften entschlüsseln kann (vgl. SUNDERMANN/SELTER 2003a).

Für eine Klassenzeitung haben Jenny und Nina folgenden Text verfasst.

Rechnen auf Linien
Früher hat man mit Steinen und mit Brettern
gerechnet. Auf dem Brett stehen Zahlen. Wenn
man ein Stein auf das Brett tut z. B. auf die Linie,
wo die 1000 steht und auf die 100000, dann ist es
101000. Willst du einen Stein auf die 50000 legen,
dann musst du ein Stein zwischen 100000 und
10000 legen.

Das folgende Infoblatt stammt von Lea, die das Spiel ‚Halli-Galli' empfiehlt.

Referate und Unterrichtssequenzen

Eine andere Form, um erarbeitete Informationen anderen vorzustellen, sind – auch schon in der Grundschule – Referate, die einzelne Kinder oder kleinere Gruppen vor der Klasse halten. Denkbar ist in diesem Zusammenhang auch, dass die Kinder eine kurze Unterrichtssequenz zu einem Thema übernehmen, in dem sie sich sicher fühlen. Vortrag und Aktivitäten der Mitschüler können sich zudem durchaus abwechseln und ergänzen. Hierzu ein Beispiel vom Ende des vierten Schuljahres.

Verschiedene Gruppen arbeiteten über mehrere Stunden hinweg an Referaten zum Rahmenthema „Auf Entdeckungsreise in das Reich der Zahlen". Unter Mithilfe der Lehrerin wurden mögliche Arbeitsschwerpunkte gesammelt, im Einzelnen:

* Zahlenmuster (Primzahlen, Fibonacci-Zahlen, Zahlenfolgen),
* Rechnen wie früher (Fingerzahlen, Nepersche Streifen, Rechenbrett (s. o.)),
* Zahlenschreiben wie früher (römische, ägyptische, chinesische Zahlsymbole),
* Zahlenrätsel (Rechenketten, Knobelaufgaben),
* Große Zahlen in der Umwelt (Jahreszahlen, Rekorde aus der Tierwelt, Menschen und Rekorde),
* Mit Zahlen verschlüsseln (Geheimschriften, Zweiersystem (Computersprache)).

Die Lehrerin hatte eine Woche vor Beginn der eigentlichen Reihe als Informationsgrundlage Bücher und Zeitschriften-Kopien zur Verfügung gestellt, damit die Kinder sich für ein Thema entscheiden konnten. Diese Materialien wurden von den Schülerinnen und Schülern nach und nach ergänzt. Auch das Internet wurde als Informationsquelle herangezogen.

Die Aufgabe für die Kinder bestand darin, sich in ihren jeweiligen Themenschwerpunkt einzuarbeiten, wobei innerhalb der sechs Gruppen jeweils ein oder zwei Kinder als Experten für ein Teilthema fungierten (z. B. Primzahlen). Zum Abschluss der Reihe wurden die Ergebnisse in Form kurzer Referate präsentiert, wozu in der Regel ein selbst erstelltes Themenplakat (s. o.) genutzt wurde. Einige Aufgaben mussten die Mitschüler während des Unterrichts lösen. Diese entstammten Arbeitsblättern (s. u.), die jede Expertengruppe für einen Kurzbeitrag in der am Ende des Schuljahres erschienenen Klassenzeitung entworfen hatte.

Zur Durchführung des Referats hatten sich einige Kinder Stichpunkte zurechtgelegt, während andere für ihren Part einen ausformulierten Text vorbereitet hatten.

Guten Tag

Unten ist ein
Wort in Geheimschrift,
für sie zum lösen.

Damit sie nicht ewig daran
sitzen haben wir für sie 3 Tipps
vorbereitet.

Einen der 3 Tipps bräucht man
um das Wort zu entschlüsseln.
Haben sie noch
Fragen

Stichpunkte
· Begrüßung
Vorstellen
1. Zeigen wie die Zahlen gehen
2. Beispielaufgaben machen
3. Etwas zu diesen Zahlen erzählen
· Verabschieden

Vielen Dank,
dass sie uns
zugehört haben.

Vorab thematisierte die Lehrerin mit den Schülerinnen und Schülern, welche Punkte man beim Halten von Referaten berücksichtigen sollte, und erarbeitete mit einigen Kindern einen Rückmeldebogen, der für alle Kinder einsehbar im Klassenzimmer ausgehängt wurde.

Während der Durchführung der Referate wurden die Kinder reihum als Bewerterkinder eingesetzt. Jeweils drei oder vier von ihnen erhielten ein analog aufgebautes Rückmeldeblatt und füllten es im Anschluss an das gehörte Referat kriteriengeleitet aus. Auch die Referentinnen und Referenten füllten einen solchen Bogen zur Selbsteinschätzung aus.

Naturgemäß kam es bei einigen Referaten zu Diskrepanzen zwischen der Selbst- und der Fremdeinschätzung. Jessica und Svenja beispielsweise würden bei dem allerdings auch sehr anspruchsvollen Thema „Zweiersystem" (Computersprache) vom Bewerterkind Tessa auf der nächsten Seite nicht so gut beurteilt, wie sie selbst es – wie aus dem auf der übernächsten Seite abgedruckten Selbsteinschätzungsbogen erkenntlich – wahrgenommen hatten.

Auf Entdeckungsreise ins Reich der Zahlen –
Rückmeldebogen

Namen der Referenten: _(Jessica) – Svenja_

Thema des Referates: _Computerzahlen_

1. Vorbereitung des Referates	Bewertung		
· gut informiert	☺ ✗	☺	☹
· gute Beispiele heraus gesucht	☺	☺✗	☹
· Stichwortzettel/Referatstext vorbereitet	☺✗	☺	☹
· Sprecherrollen verteilt	☺ ✗	☺	☹
· Text (zu Hause) geübt	☺	☺✗	☹
· Material sorgfältig vorbereitet (Plakat, Tafelbild, ...)	☺✗ ✗	☺	☹
·	☺	☺	☹
·	☺	☺	☹

2. Durchführung des Referates	Bewertung		
· Thema gut erklärt („roter Faden")	☺	☺✗	☹
· Material benutzt	☺✗	☺	☹
· nicht zu schnell, laut und deutlich gesprochen	☺	☺✗	☹
· Sprecherrollen eingehalten	☺ ✗	☺	☹
· zur Klasse geschaut	☺	☺	☹✗
· auf Fragen der Klasse eingegangen	☺ ✗	☺	☹
· sich bei den Zuhörern bedankt	☺✗	☺	☹
·	☺	☺	☹
·	☺	☺	☹

.3. Abschließende Bewertung:

Begründungen: Das Referat war insgesamt ☹ vorbereitet und durchgeführt, weil
_ihr habt nicht das wichsigte erklärt ihr habt nur gesagt
wie die Zahlen heißen. viele haben es bestimt nicht verstanden_

Empfehlungen/Tipps: _Ihr solltet es anschreiben und euch
besser vorbereten_

Sonstige Anmerkungen: _Erst nach dem 2ten anlauf haben
es viele verstanden !?!_

_____
29.6.05 Bochum
Ort, Datum

_____
Pagaß?
Unterschrift des Bewerterkindes

Auf Entdeckungsreise ins Reich der Zahlen –
Selbsteinschätzung

Name: *Jessica und Svenja*

Thema des Referates: *Computersprache*

1. Vorbereitung des Referates

	Bewertung		
· gute Zusammenarbeit in der Gruppe	☒	☺	☹
· gut informiert (viel gelesen, Experten befragt...)	☒	☺	☹
· gute Beispiele heraus gesucht	☺	☒	☹
· Stichwortzettel/Referatstext vorbereitet	☒	☺	☹
· Sprecherrollen verteilt	☒	☺	☹
· Text (zu Hause) geübt	☺	☒	☹
· Material sorgfältig vorbereitet (Plakat, Tafelbild, ...)	☒	☺	☹
·	☺	☺	☹
·	☺	☺	☹

2. Durchführung des Referates

	Bewertung		
· Thema gut erklärt („roter Faden")	☺	☒	☹
· Material benutzt	☺	☒	☹
· nicht zu schnell, laut und deutlich gesprochen	☺	☒	☹
· zur Klasse geschaut	☒	☺	☹
· auf Fragen der Klasse eingegangen	☒	☺	☹
· mich bei den Zuhörern bedankt	☒	☺	☹
·	☺	☺	☹
·	☺	☺	☹

3. Abschließende Einschätzung:

Begründungen: Das Referat war insgesamt ☺ vorbereitet und durchgeführt, weil
Jessica und Svenja alles erklärt hatten bischen hilfe gegeben gute Beispiele u.s.w

Das habe ich dabei gelernt: *Svenja und ich haben gelernt das mal auch ein Fehler passieren kann und nicht alles glatt läuft*

Das möchte ich sonst noch sagen: *das alle gut waren auch wen ein Antrutscher passiren konnte*

Arbeitsblätter und Lernstationen

Expertenkinder können für ihr Spezialgebiet auch Arbeitsblätter entwickeln oder Lernstationen vorbereiten. Hierzu ein Beispiel von Felix, der sich mit den römischen Zahlen befasst und dazu ein Aufgabenblatt entworfen hatte.

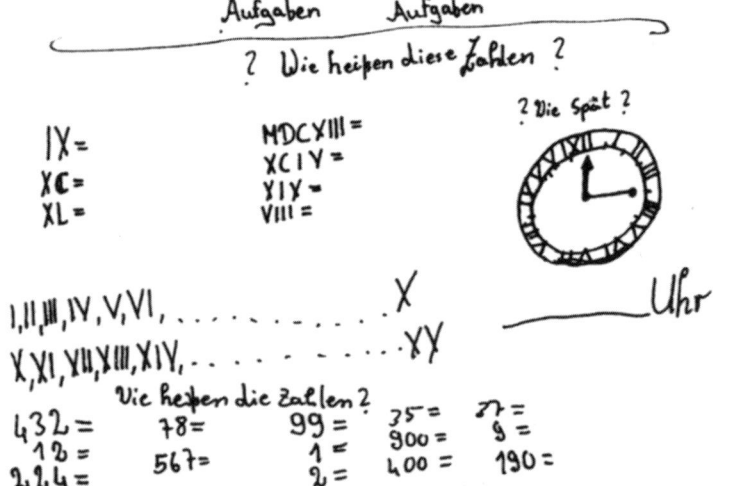

Ausstellung und Präsentation

Als letzte Form von Expertenarbeiten möchten wir die Ausstellung bzw. die Vorstellung von Arbeitsergebnissen erwähnen. Diese kann im Klassenzimmer oder im Schulflur erfolgen, etwa, wenn man im Rahmen der Einführung in die Multiplikation Alltagsgegenstände mit multiplikativer Struktur zusammenträgt. Denkbar ist es auch, die Eröffnung der Ausstellung mit einer Präsentation für Eltern auf einer gemeinsamen Feier oder für Schüler der Parallelklasse zu verbinden. Im folgenden Beispiel hatte die Klasse 4b in Expertengruppen zum Thema „Geodreieck und Zirkel" gearbeitet und die Parallelklasse zur Präsentation eingeladen. Der von Maja und Clarissa verfasste Begrüßungstext beschreibt, worum es ging:

> Liebe 4a, lieber Herr Rose,
> Wir begrüßen euch herzlich zu unserer Ausstellung über Geometrie also:
> Geodreieck und Zirkel.
> Jetzt könnt ihr bei einer Führung über Plakate oder Muster teilnehmen.
> Danach wird euch eine Geschichte vorgelesen.
> Wenn ihr die Fragen bei unserem Quiz beantworten wollt, solltet ihr euch
> das Wörterbuch angucken und euch merken. Nach dem Quiz werden euch
> Rätsel gestellt. Es werden euch Muster zum Weitermalen zur Verfügung
> gestellt.
> Wir wünschen euch viel Spaß.

Die Schülerinnen und Schüler der Klasse 4a nahmen an diesen Aktivitäten teil und wurden dann wie folgt verabschiedet.

> Liebe 4a, lieber Herr Rose!
> Wir hoffen, es hat euch gefallen!
> Wir haben für euch einen Lernbericht gestaltet, wo ihr ankreuzen könnt,

wie es euch gefallen hat.

Lachendes Smiley heißt gut, Schrägstrich heißt ‚na ja‘, und schmollender Mund heißt doof.

Unten sollt ihr schreiben, was ihr dazugelernt habt. Bitte füllt ihn jetzt aus.

Danke fürs Kommen. Es hat uns sehr gefreut.

Da die Kinder der 4b es gewohnt waren, zu verschiedenen Themen Lernberichte auszufüllen und Rückmeldungen zu geben, hatten sie auch hier von sich aus einen Rückmeldebogen entworfen, um erheben zu können, wie die Präsentation von den Mitschülern aus der Parallelklasse eingeschätzt wurde. Die Rückmeldungen zeigten, dass sich die Mühen der Vorbereitung gelohnt hatten.

7 Klassenarbeiten verändern

Eine starke Ausrichtung der Leistungsfeststellung und der Leistungsbeurteilung auf Klassenarbeiten, bei denen alle Kinder zum selben Zeitpunkt innerhalb einer fest vorgegebenen Zeitspanne (auf gleichen Wegen) die gleichen Aufgabenanforderungen bewältigen müssen, ist ein wesentliches Kennzeichen für die Betonung der Selektionsfunktion (vgl. Kap. 1). Das wird auch deutlich durch die folgenden Antworten von Kindern, denen die Frage gestellt wurde: Warum schreibst du Mathearbeiten?

> Ich schreibe Mathematik arbeiten weil ich dan sitzen bleiben kann wenn ich schlechte Noten kriege.

> Weil die Lehrer wissen wollen ob man noch alles behalten hat. Ich schreibe Mathetoste gerne weil ich bei sehr gut einen Euro kriege.

> Das ich weiß wie ich bin gut oder Schlecht.

> Ich schreibe Mathematikarbeiten weil damit kann ich Mathematik lernen und besser können.

Denn die Funktion von Klassenarbeiten besteht – so haben diese Kinder es gelernt – im Wesentlichen in der Überprüfung, ob erwartete Kompetenzen vorhanden sind, was dann – je nach Ausprägung – gute oder schlechte Noten zur Folge hat.

Dass es der richtige Weg ist, Klassenarbeiten und Ziffernnoten schon früh in der Grundschule eine derart herausgehobene Stellung zukommen zu lassen, bezweifeln wir aus u. E. guten Gründen. Daher plädieren wir ja in diesem Buch nachdrücklich für eine deutliche Erweiterung des Spektrums der Möglichkeiten.

Gleichwohl: Auf absehbare Zeit werden Klassenarbeiten in deutschen Grundschulklassen geschrieben werden. Daher wollen wir uns auch mit dieser Thematik befassen.

7.1 Veränderung ist möglich

Wenn wir im Kreise von Kolleginnen und Kollegen Vorschläge zur Veränderung der nicht selten vorherrschenden Praxis des Umgangs mit den Leistungen der Kinder im Allgemeinen und mit Klassenarbeiten im Speziellen machen, begegnet uns oft Zustimmung, allerdings nicht selten gepaart mit einer gewissen Zurückhaltung und Skepsis. Unsere Ideen seien zwar interessant, heißt es dann bisweilen, aber angesichts der Vorschriften nicht umsetzbar.

Hier muss man zunächst einmal unterscheiden zwischen schulinternen Vereinbarungen einerseits und den rechtlichen Vorgaben andererseits. *Erstere* sind veränderbar, bestehen aber leider nicht selten aus Fortschreibungen jahrzehntealter, nicht immer lernförderlicher Traditionen. *Letztere* bieten häufig überraschende Möglichkeiten.

Rechtliche Spielräume und Anforderungen

So heißt es beispielsweise in den Grundschul-Richtlinien des Landes Nordrhein-Westfalen:

> Es gilt, „Leistungen nicht nur zu fordern und zu überprüfen, sondern durch Ermutigung, Unterstützung und die Anerkennung von Leistungen ein positives Lern- und Leistungsklima und damit die Voraussetzungen für das Vertrauen in die eigene Leistungsfähigkeit zu schaffen ... Grundlage der Leistungsbeurteilung sind a l l e von der Schülerin bzw. dem Schüler erbrachte Leistungen. Als Leistung werden nicht nur die Ergebnisse, sondern auch Anstrengungen und Lernfortschritte bewertet." (MSJK 2003, S. 19)

Im Kommentar zur Ausbildungsordnung-Grundschule für dieses Bundesland (JEHKUL/BRABECK/SCHEFFLER 1998) wird u. a. ausgeführt:

> „Die Leistungsbewertung dient der individuellen Förderung eines jeden Schülers. Sie muß in einer behutsamen, dem Schüler verständlichen und hilfreichen Form erfolgen, die neue Lernfreude weckt, Selbsteinschätzung ermöglicht und Erfolgszuversicht stärkt (S. 115).
> Für schriftliche Arbeiten in den Klassen 3 und 4 ist ein konkreter zeitlicher Rahmen ebenso wenig festgelegt wie die Zahl der Arbeiten (S. 123). Die Verpflichtung zur Differenzierung gilt bis zum Ende der Grundschulzeit.
> So sind differenzierte Aufgabenstellungen (auch in schriftlichen Arbeiten, die Verf.) weiterhin möglich und erforderlich, um jedem Schüler Erfolgserlebnisse zu vermitteln (S. 123)."

Auf dem Baden-Württembergischen Bildungsserver findet sich als offizielle Verlautbarung des Ministeriums zu den neuen Bildungsplänen Grundschule unter der Überschrift „Leistungsmessung" folgende Passage:

„Für jede Schülerin und jeden Schüler ist mindestens eine Projektpräsentation am Ende der Eingangsstufe und im ersten Halbjahr des 4. Schuljahres verbindlich. Dazu sind vielfältige Darstellungsformen möglich wie Lerntagebuch, mündliche Berichte, darstellendes Spiel, Ausstellungen und Aufführungen. Regelmäßige Lernstandsdiagnosen und kontinuierliche Beobachtung der Kinder zum Beispiel mit Hilfe von Beobachtungsbögen und die verbale Beschreibung der Kompetenzen stärkt die differenzierte Schülerbeurteilung ebenso wie die Analyse von Unterrichtseinheiten und führt bei regelmäßiger Durchführung zu Qualitätssicherung des Unterrichts" (http://www.bildung-staerkt-menschen.de/schule_2004/bildungsplan_ kurz/grundschule).

Das rheinland-pfälzische Ministerium teilt unter dem Aktenzeichen „944 B-Tgb.Nr. 1509" und der Überschrift „Differenzierte Leistungsbeurteilung im 3. und 4. Schuljahr der Grundschule" Folgendes mit:

„Der individuelle Lernanspruch des Kindes, dem wir in der Grundschule besonders Rechnung tragen wollen und müssen, verbietet eine Leistungsfeststellung, die grundsätzlich für alle Kinder zum gleichen Zeitpunkt mit dem gleichen Anspruch zu treffen wäre. Wenn die Lernwege der Kinder unterschiedlich verlaufen und gesteckte Ziele zu unterschiedlichen Zeitpunkten erreicht werden, kann eine Leistungsüberprüfung nicht immer zum gleichen Zeitpunkt mit den gleichen Anforderungen vorgenommen werden.
Dennoch darf aber auch die Sozialnorm, also der Vergleich mit der Klasse, nicht aus dem Blick geraten. Die Orientierung an den vom Lehrplan formulierten Zielen (objektive Norm) bleibt nach wie vor bestehen.
Unter Berücksichtigung dieser Gesichtspunkte ergibt sich folgende Aufteilung:
Die 6 bis 8 schriftlichen Leistungsnachweise in Mathematik beinhalten 3 gruppenbezogene Klassenarbeiten. 3 bis 5 weitere schriftliche Leistungsnachweise können individuell erbracht werden.
Sowohl bei den klassenbezogenen als bei den individuellen Leistungsnachweisen sind die Bestimmungen der Verwaltungsvorschrift zur Förderung von Kindern mit Lernschwierigkeiten und Lernstörungen zu beachten.
Die Leistungsanforderungen richten sich nach den individuellen Lernvoraussetzungen, den erreichten Lernfortschritten sowie den zu erreichenden Zielvorgaben.
Die Leistungsbeurteilung beschreibt den Stand des bereits Erreichten und zeigt Hilfen für den weiteren Lernprozess auf" (www.e-giloj.de/lang).

Auch im §14 der Verordnung des Sächsischen Staatsministeriums für Kultus über Grundschulen im Freistaat Sachsen (www.sachsen-macht-schule.de/recht/sogs.pdf) heißt es:

> „Die Ermittlung, Beurteilung und die daraus folgende Bewertung von
> Leistungen liegt in der pädagogischen Verantwortung des Lehrers. Die
> Lehrerkonferenz beschließt die Bewertungsrichtlinien. Der Klassenlehrer
> gibt diese den Eltern zu Beginn des Schuljahres bekannt.
> Die Ermittlung und Bewertung von Leistungen soll auf der Grundlage der
> Analyse des Lernprozesses und der Lernergebnisse erfolgen. Dabei wer-
> den unterschiedliche Anforderungen, welche sich aus den unterschiedli-
> chen Entwicklungsständen der Schüler ergeben, gestellt.
> Grundlage der Leistungsbewertung in einem Unterrichtsfach sind alle vom
> Schüler im Zusammenhang mit dem Unterricht erbrachten schriftlichen,
> mündlichen und praktischen Leistungen.“

Diesen und vielen weiteren von uns hier nicht angeführten Dokumenten
kann entnommen werden, dass die häufig gängige Praxis, Leistungsfeststellung und Leistungsbeurteilung nahezu ausschließlich auf Klassenarbeiten zu gründen, die von allen Kindern zur gleichen Zeit mit den gleichen
Aufgabenstellungen geschrieben werden, nicht haltbar, ja von ministeriel-
ler Seite häufig auch gar nicht erwünscht ist.

Denkbare Variationen

Wir plädieren daher für die Veränderung dieser wohl noch weit verbreiteten Praxis und sprechen uns zum einen nachdrücklich für den verstärkten
Einbezug von informativen, von offenen und von prozessbezogenen Aufgaben in Klassenarbeiten aus (vgl. Kap. 5).

Zum anderen haben wir gute Erfahrungen mit einer Reihe von Variationen gemacht, etwa:

* Einzelne Kinder dürfen die Klassenarbeit an unterschiedlichen Tagen
  schreiben. So werden z. B. zwei Termine angeboten, und jedes Kind entscheidet, wann es die Arbeit schreibt (*Terminwahl*).
* Die Kinder dürfen das Schreiben der Klassenarbeit (z. B. beim Nachlas-
  sen der Konzentration oder bei ‚schlechter Tagesform‘) unterbrechen
  und an einem mit der Lehrperson abgestimmten Termin – etwa am nächsten Tag oder eine Stunde später – weiterschreiben (*Unterbrechung*).
* Einzelne Kinder schreiben einen Teil der Klassenarbeit ein zweites Mal.
  Die erste Bearbeitung einer Aufgabe wird so korrigiert, dass auf das Vor-
  handensein von Fehlern bzw. auf Optimierungsmöglichkeiten hingewie-
  sen wird. Erst nach der Überarbeitung erfolgt dann die Beurteilung der
  Leistung, in die auch der Umgang mit den Hinweisen eingeht, die zur ersten Version gegeben wurden. Dieses Verfahren (und mögliche Variationen) ist ja beispielsweise beim Verfassen von Texten im Deutschunter-

richt, aber auch in vielen außerschulischen Zusammenhängen gang und gäbe *(Zweite Chance).*

- Einzelne Kinder dürfen ihre Leistungen in Klassenarbeiten durch zusätzliche Leistungen teilweise kompensieren. So kann man z. B. durch besonders sorgfältig bearbeitete Wochenblätter oder ein mit großer Anstrengung erstelltes Handlungsprodukt ein Punktverlust ausgeglichen werden *(Ausgleichsaufgabe).*
- Alle Kinder schreiben eine korrigierte, aber für die Bewertung nicht relevante Probearbeit, der eine vom Aufbau und bezüglich der Bewertung analoge Hauptarbeit folgt (*Probearbeiten*; vgl. Kap. 7.3),
- Die Kinder dürfen bei der Klassenarbeit wählen, ob sie lediglich diejenigen Aufgaben bearbeiten, die die Grundanforderungen abdecken, oder auch solche, die die weiterführenden Anforderungen ansprechen (*Differenzierte Mathematikarbeiten,* vgl. 7.4).

Eltern informieren

Anlässlich einer Schulkonferenz bzw. eines Elternabends sollte ein solcher Umgang mit Klassenarbeiten zum Thema gemacht werden. Denn der Mehrzahl der Eltern dürften alternative Formen bislang nicht begegnet sein. Vorhandene Vorurteile wie „Klassenarbeiten geben eine objektive Beschreibung der Leistungsfähigkeit meines Kindes" oder „Klassenarbeiten führen zu gerechten Noten" können das Vorhaben einer leistungsförderlichen Leistungsfeststellung, so wie er in diesem Buch zum Ausdruck kommen soll, ernsthaft torpedieren.

Daher müssen die Eltern informiert werden, und sie sollten die Gelegenheit erhalten, Rückfragen zu stellen, Ressentiments zu äußern und Unsicherheiten zu artikulieren. Sofern dieses noch nicht geschehen ist, sollte den Eltern anhand von aussagekräftigen Beispielen bewusst werden können, dass Kinder unterschiedlich denken und dass die Verschiedenheit ihres Denkens eine individualisierende Unterrichtsorganisation zur Folge haben muss. Das kann auch anhand einer Mathematikaufgabe geschehen, die die Eltern herausfordert und bei ihnen zu unterschiedlichen Lösungswegen oder Resultaten führt (vgl. RADATZ u. a. 1998, S. 24 f.).

Dann kann die Notwendigkeit einer individualisierenden Leistungsfeststellung abgeleitet und durch Schülerbeispiele aus dem eigenen Unterricht oder aus diesem Buch illustriert werden (vgl. auch SPIEGEL/SELTER 2003). Dass auch Klassenarbeiten zumindest Elemente der Individualisierung enthalten sollten, sollte in diesem Zusammenhang ebenfalls angesprochen werden.

Den Eltern sollte zudem klar werden können – vielleicht auch durch die Erinnerung an die eigene Schulzeit und die Arbeiten, die dort geschrieben wurden –, dass Klassenarbeiten nicht selten als unangenehme und oft schwer kalkulierbare Prüfungssituationen empfunden werden und dass man gut daran tut, die Kinder auf das Schreiben von Klassenarbeiten vorzubereiten. Hierzu wollen wir im Folgenden einige Anregungen geben.

7.2 Klassenarbeiten einführen

Irgendwann in der Schullaufbahn kommt der Zeitpunkt, an dem die erste ‚richtige Mathearbeit‘ geschrieben wird. Darauf freuen sich natürlich nicht wenige Kinder, denn es wird ihnen vermeintlich signalisiert, dass sie nun zu den älteren Schülern gehören. Wir denken, dass man deren ersten Arbeiten jedoch nicht unvorbereitet schreiben, sondern dass man die Kinder ganz im Sinne der Forderung nach Zieltransparenz als einem Motor des Lernens in die Vorbereitung der ersten Klassenarbeit(en) mit einbeziehen sollte.

Das ist auf verschiedene Arten möglich – beispielsweise in Form einer (nicht bewerteten) Kurzaufgabe für den Mathebriefkasten (vgl. Kap. 6.1). In einem zweiten Schuljahr bat die Lehrerin ihre Schülerinnen und Schüler, auf einem Zettel zu notieren, welche Aufgabe(n) ihres Erachtens in der Klassenarbeit vorkommen sollten. Diese Eigenproduktionen waren sehr informativ, nicht nur in Bezug auf die Auswahl, sondern auch in Bezug auf die Form der Darstellung.

Mona, Jenny, Pedro und Gülçan gaben die von ihnen gewünschten Aufgabentypen in einem kurzen Text an, während Tino (Zahlenmauern) und René, der am Rechenstrich (leerer Zahlenstrahl) Aufgaben von 1 bis 800 rechnen möchte, dieses durch die Angabe von Beispielaufgaben zum Ausdruck brachten.

An diese erste unaufwändige Sammelphase schloss sich eine strukturierte Erhebung an. Hierzu wurde den Kindern eine Übersicht über die bis dato im zweiten Schuljahr behandelten Inhalte ausgeteilt.

Die Tabelle bestand aus drei Spalten, die wir in der Abbildung aus Platzgründen ‚zerschnitten' haben. In der ersten Spalte wurden die Inhalte unter der Überschrift „Das haben wir gemacht" aufgezählt. Diejenigen Inhalte, mit denen nicht alle Kinder auf Anhieb etwas verbinden konnten, wurden durch ein Piktogramm illustriert. So wurde die Wahrscheinlichkeit dafür verringert, dass die Kinder sich unter den Begriffen nichts oder etwas anderes als die Lehrerin vorstellten.

Wir schreiben Mathearbeiten wie die Großen

Das haben wir gemacht	Das kann ich	Das soll in unsere Mathearbeit
Blitzrechnen zu Plus und Minus	(◎)	
Blitzrechnen mit dem Hunderterfeld	(◎)	X
Zahlenhäuser	(◎)	X
Zahlenmauern	(◎)	X
Einspluseins-Tafel	(◎)	Nein
Schätzgläser, Zählbilder und Zehnerbündel	(◎)	Nein
Zahlbilder, Zahlwort und Zahl 23 dreiundzwanzig	(◎)	X
Räuber und Goldschatz bis 100	(◎)	geht nicht

Plusaufgaben am Hunderterfeld	(◎)	X
Stationsheft zur Hundertertafel	(◎)	X
Hunderterreihe und Hunderterkette	◎	Nein
Rechenstrich	◎	Nein
Sterne und Schneeflocken falten und schneiden	(◎)	geht nicht
Das Rätsel des Pharao	(◎)	geht nicht
Tierpuzzle zum Rätseln	(◎)	geht nicht
Wie viele Ekenrechnen	(◎)	X geht nicht

In der mittleren Spalte sollten die Kinder in einer Zielscheibe zum Ausdruck bringen, wie gut sie ihres Erachtens den jeweiligen Inhalt beherrschten. In der letzten Spalte schließlich kreuzten sie dann das an, was in der Arbeit vertreten sein bzw. ihres Erachtens keine Berücksichtigung finden sollte.

Die Angaben in der zweiten und der dritten Spalte waren informativ und boten mehrmals Anreize zur Nachfrage: „Bei der Hunderterreihe und dem Rechenstrich hast du deinen Punkt genau in die Mitte gesetzt; trotzdem wünscht du dir, dass es nicht in der Arbeit vorkommt. Warum?"

Diese Übersicht diente aber nicht nur zur Vorbereitung der ersten Klassenarbeit, sondern auch dazu, dass die Kinder in Form eines Lernberichts (vgl. Kap. 4.1) auf die vergangenen Unterrichtsmonate zurückblicken konnten (Das haben wir alles gemacht bzw. gelernt). Daher waren in die Tabelle auch Inhalte aufgenommen worden, die in einer Klassenarbeit schlecht berücksichtigt werden konnten, wie etwa das Falten und Schneiden von Sternen und Schneeflocken. Die Lehrerin hatte dieses vorab durch den Eintrag ‚geht nicht' kenntlich gemacht.

Um den Kindern Gelegenheit zu geben, weitere Themen anzuführen, die aus ihrer Sicht bedeutsam oder von der Lehrerin vergessen worden waren, wurden am Schluss zwei Zeilen leer gelassen, die die Kinder individuell ausfüllen konnten.

Einige Kinder beschränkten sich nicht auf eine „Ja-Nein"-Entscheidung, sondern brachten durch Abstufungen zum Ausdruck, wie wichtig ihnen die Berücksichtigung eines bestimmten Aufgabentyps war. Das wird zum Beispiel aus dem folgenden Ausschnitt von Merve deutlich, die hierzu unterschiedliche Anzahlen von Kreuzen verwendete.

Um die Ergebnisse dieser Befragung an die Kinder zurückzuspiegeln, kopierte die Lehrerin die unausgefüllte Liste auf ein größeres Format und hängte sie aus. In der dritten Spalte gab sie an, wie viele Kinder sich für eine bestimmte Aufgabe ausgesprochen hatten. Das führte zu einer interessanten und aufschlussreichen Unterrichtssituation, in der die Kinder Argumente für diese Entscheidungen aufführten, die nicht nur Informationen über die ‚Vorlieben' der einzelnen Kinder beinhalteten, sondern auch ein indirektes Feedback zum durchgeführten Unterricht gaben.

Die Lehrerin traf dann in Absprache mit den Kindern die Entscheidung, welche Themen in der Klassenarbeit vorkamen. Diese markierte sie durch einen roten Kreis, so dass die Kinder wussten, auf welche Aufgabentypen sie sich besonders vorbereiten konnten.

Anschließend wurden die Kinder gebeten, aus dem vereinbarten Spektrum Themen auszuwählen und hierzu gezielt ‚leichtere' und ‚schwerigere' Aufgaben zu produzieren. Sie sollten aber nur solche Aufgaben notieren, die sie auch selbst lösen konnten, und dieses durch die Angabe ihrer Lösung dokumentieren. So erfand Anna folgende Aufgabe, bei der Zahlen am Rechenstrich anzuordnen waren.

Meine Lieblingsaufgaben für unsere Mathearbeit

Nach unserer Erfahrung ist es in der Regel nicht sinnvoll, ausschließlich von den Kindern erfundene Aufgaben für die Arbeit zu verwenden, sondern eine Mischung zusammenzustellen aus:

- unveränderten Aufgaben der Kinder,
- von der Lehrerin leicht veränderten oder ergänzten Aufgaben (zur Abdeckung des Leistungsspektrums nach ‚unten' bzw. ‚oben'), die ursprünglich von den Schülern stammen,
- Aufgaben, die die Lehrerin (ggf. in Anlehnung an Schülerbeispiele) vorgibt, um die in den Schüleraufgaben nicht berücksichtigten, aber wichtigen Bereiche abzudecken.

Im Folgenden finden sich Beispiele für von den Kindern selbst erfundene Aufgaben (Zahlenmauern und Zahlenhäuser). Links unten haben wir eine Aufgabenserie der Lehrerin abgedruckt (Ergänze zur 100 bzw. zu einer Zehnerzahl). Wir denken, dass u. U. die Hälfte der Aufgaben vorgegeben werden sollte, sofern die Systematik gestärkt werden muss, etwa um unterschiedlich schwierige Rechenanforderungen zu berücksichtigen.

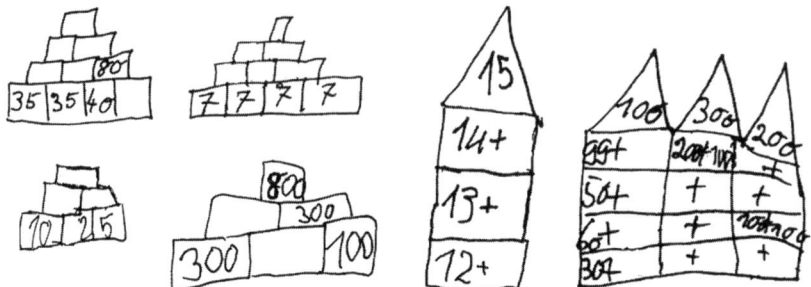

Unten in der Mitte und rechts sieht man zwei Bearbeitungen einer Aufgabe
von Timo, der die Frage stellt „< oder > oder = ?" Zunächst sollte dieses für
die Aufgabe 103 __ 130 entschieden werden. Vier weitere, von der Lehrperson rechts daneben notierte vergleichbare Aufgaben aus dem Hunderterraum ergänzten diesen Aufgabenteil. Dann gab Timo eine Aufgabenserie an, bei der eine Zehnerzahl (z. B. die 80) stets mit ihren beiden
Nachbarzehnern verglichen werden musste. Zudem sollten die Kinder berichten, was ihnen hierbei auffiel.

Die Lehrerin stellte aus den eigenständig erfundenen, den modifizierten
und den von ihr vorgegebenen Aufgaben im Vorfeld eine vergleichbare
Sammlung von zehn verschiedenen Aufgaben zusammen. Das hatte nicht
nur den Vorteil, dass insgesamt mehr Schüleraufgaben berücksichtigt werden konnten und damit gewährleistet werden konnte, das alle Schülerinnen
und Schüler Aufgabenerfinder sein konnten. Diese Zusammenstellung
diente als Übungsblatt und damit als Vorbereitung für die Klassenarbeit.
Die bearbeiteten Aufgaben wurden anschließend mit den Kindern besprochen, aber nicht von der Lehrperson korrigiert. Dieses kann aber in manchen Fällen auch sinnvoll sein, wie die folgenden Ausführungen zu Probearbeiten zeigen.

7.3 Probearbeiten

Zur Vorbereitung der Schülerinnen und Schüler auf Klassenarbeiten kann vorab eine Probearbeit geschrieben werden. Die Probearbeiten der einzelnen Kinder werden von der Lehrperson durchgesehen, korrigiert und zurückgegeben. Im Abstand von etwa einer bis zwei Wochen – je nach aufgetretenen Schwierigkeiten – folgt die beurteilungsrelevante Hauptarbeit, die in der Regel analog aufgebaut wird:

* gleiches Layout,
* gleiche Aufgabenformate,
* vergleichbare Zahlenwerte bzw. Rechenanforderungen (z. B. Rechnen mit der 0),
* gleiche Stufung der Anforderungen bzw. Schwierigkeiten,
* gleiche Bepunktung.

Manchmal ergibt sich nach Durchsicht der Probearbeit auch die Notwendigkeit, einzelne Aufgabenstellungen zu modifizieren, etwa wenn diese nicht präzise genug erfolgten. Probearbeiten bieten sich besonders dann als Vorbereitung an, wenn die Schülerinnen und Schüler mit dem Schreiben von Klassenarbeiten noch nicht vertraut sind, bei einzelnen Schülern besondere Schwierigkeiten damit zu beobachten sind (Blockaden) oder ein Lehrerwechsel stattgefunden hat und die Kinder sich ggf. an veränderte Leistungsanforderungen gewöhnen müssen.

Wir möchten dieses anhand des Themas *„Addition und Subtraktion im Zahlenraum bis 1000"* illustrieren. Die Probearbeit und die Hauptarbeit zu Beginn des 4. Schuljahres waren wie folgt aufgebaut:

* vierzehn Aufgaben zum Blitzrechnen,
* sechs Aufgaben zur schriftlichen Addition,
* sechs Aufgaben zur schriftlichen Subtraktion,
* zwei Aufgabenpärchen zum Entdecken, Beschreiben und Begründen,
* sechs Aufgaben, von denen die Kinder jeweils drei mündlich bzw. schriftlich rechnen und ihre Auswahl begründen sollten,
* vier Doppelaufgaben zur Umwandlung in dm und cm (bzw. in kg und g).

Die ersten drei Aufgaben wurden gestellt, um den Grad der *Sicherheit* beim Rechnen zu erheben. Die Aufgabe 4 zielte auf *Verständnis* ab, die Nummer 5 auf *Flexibilität*. Die letzte Aufgabe schließlich griff das Wiederholungsthema der letzten beiden Wochenblätter auf (vgl. Kap. 6.1).

Die Auswahl der Zahlenwerte erfolgte in beiden Arbeiten so, dass sie Einblicke in das Denken der Kinder ermöglichten (vgl. Kap. 3.1), bei der Nummer 3 beispielsweise:

a) ohne Übertrag, mit 0 im Ergebnis

b) ohne Übertrag , mit 0 im Subtrahenden

c) ein Übertrag in Zehnerspalte, mit 0 im Ergebnis, usw.

Im Vergleich der Probe- und der Hauptarbeit von Markus zeigt sich: Während er in beiden Arbeiten (fast) alle Aufgaben zum Blitzrechnen richtig löste und mit jeweils einer Ausnahme die Umwandlungsaufgaben nicht korrekt bearbeitete, zeigt sich bei den Aufgaben 2 und 3 zur schriftlichen Addition bzw. Subtraktion ein spürbar unterschiedliches Bild. In der Probearbeit konnten aufgrund von Rechen- und Verfahrensfehlern (teilweise Subtraktion bei Plusaufgaben) nur 15 von 48 Punkten vergeben werden. In der Hauptarbeit hingegen beging er nur noch wenige Fehler, so dass Markus hier 40 Punkte erhielt.

Auch bei den Aufgaben 4a) und 4b) sind ebenfalls Unterschiede augenfällig. Aus den bereits genannten Gründen erhielt er jeweils unterschiedliche Resultate, was natürlich auch das geforderte Beschreiben und Begründen erschwerte. Auch wenn seine Erklärungen in der eigentlichen Arbeit sicherlich noch nicht den Kern der Sache trafen, so waren sie doch ausführlicher und qualitätvoller abgefasst.

Hier sind ebenso erhebliche Unterschiede zu erkennen wie bei der Aufgabe 5. Diese sind vermutlich auch dadurch zu erklären, dass die Aufgabenpräsentation verändert wurde. Denn es hatte sich in der Probearbeit gezeigt, dass einer Reihe von Kindern nicht hinreichend deutlich wurde, dass die leichten Aufgaben im Kopf und die schwierigeren schriftlich gerechnet werden sollten. Einige Schülerinnen und Schüler gaben dann als Begründung an *„Ich wollte zeigen, dass ich auch schwierige Aufgaben im Kopf rechnen kann."* oder *„Ich habe 270 + 220 schriftlich gerechnet, weil ich das schnell fertig machen wollte."*

Des Weiteren schien es sinnvoll, zunächst die drei Aufgaben angeben zu lassen, die im Kopf gerechnet wurden, und darunter den Platz für die schriftlichen Rechnungen vorzusehen. Denn es gab Kinder, die bei der ursprünglichen Reihenfolge, ohne eine begründete Auswahl zu treffen, die ersten drei Aufgaben schriftlich und die übrig gebliebenen im Kopf rechneten.

Die andere Reihenfolge in der Hauptarbeit trug insgesamt mit dazu bei, dass die Auswahl der drei Kopfrechenaufgaben zielgerichteter stattfand. Man sollte aber auch nicht außer Acht lassen, dass im Verlauf der Woche zwischen Probearbeit und Hauptarbeit im Unterricht nochmals verstärkt Aufgaben zur Schulung des ‚Aufgabenblicks' eingesetzt wurden, da sich dieses nach Durchsicht der Probearbeit als sinnvoll erwiesen hatte.

Nach unserer Erfahrung zeigen die Kinder in den Hauptarbeiten in der Regel bessere Leistungen, da eine individuellere Förderung erfolgen konnte und da nach der Analyse der Probearbeiten bisweilen noch eine Korrektur der Aufgabenpräsentation erfolgte.

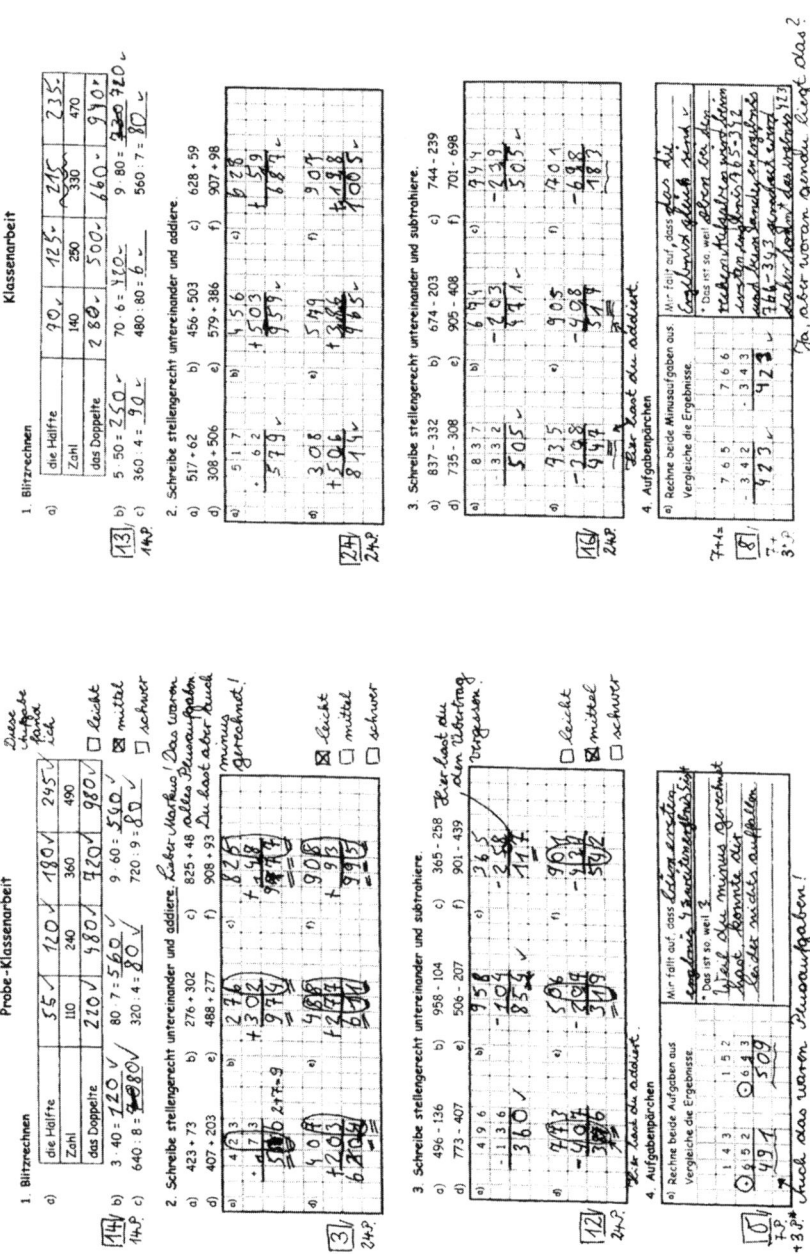

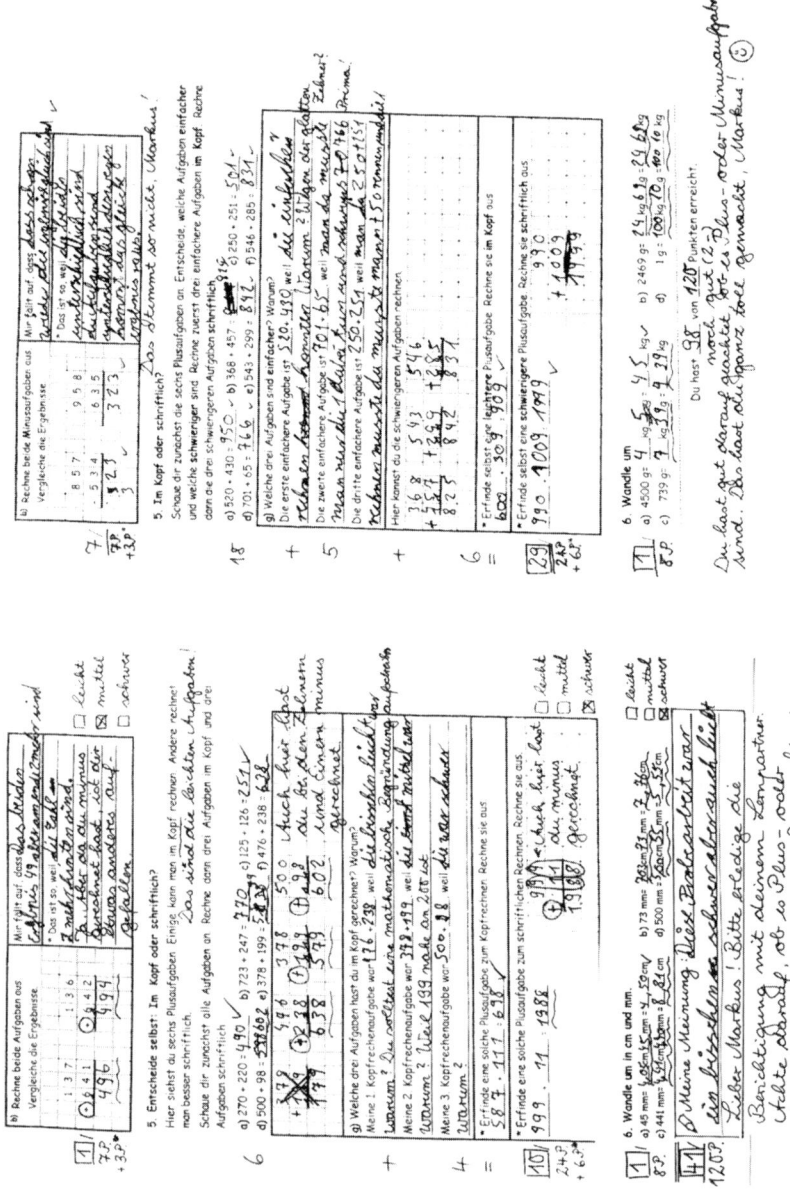

Markus beispielsweise erzielte in der Probearbeit – wie bereits erwähnt – 40 von 120 Punkten, was einem schwachen ‚*Mangelhaft*' entsprochen hätte. In der Klassenarbeit hingegen erhielt er 98 Punkte und damit die Note ‚*gut minus*'. Natürlich sind vergleichbare Leistungssprünge nicht häufig, aber es wird ganz deutlich, dass er in der Hauptarbeit sein Leistungsvermögen besser abrufen konnte als in der Probearbeit.

Zusammenfassend: Probearbeiten ermöglichen es den Kindern, Transparenz über Umfang, Inhalte und Ziele der Hauptarbeit zu erwerben. Somit ...

- ... können ggf. existierende Ängste oder Blockaden (u. U. durch Erwartungsdruck der Eltern) verringert werden, die ja häufig für schlechte Leistungen mit verantwortlich sind – die Kinder wissen in etwa, was auf sie zukommt (Transparenz),
- ... erhalten die Kinder vor der Hauptarbeit die Gelegenheit, Schwierigkeiten zusammen mit der Lehrerin oder ihrem Lernpartner bzw. ihrer Lernpartnerin aufzuarbeiten,

- ... kann im Anschluss an die Auswertung der Probearbeit eine gezieltere Vorbereitung auf die Hauptarbeit erfolgen, insbesondere wenn die Lehrperson individuell ausgerichtete Förderhinweise gibt (s. u.).

Probearbeiten geben der Lehrerin hilfreiche Rückmeldungen, z. B.
- über die Konstruktion der Arbeit (zu viele, zu wenige Aufgaben, schwierige Aufgabenformate), was ggf. zu Modifikationen bei der Hauptarbeit führt,
- über den bisherigen Unterricht, denn dieser entscheidet ganz wesentlich über die von den Kindern letztlich erreichten Leistungen mit (‚Leistungsbeurteilung ist immer auch Selbstkritik'),
- über den individuellen Leistungsstand der einzelnen Kinder sowie im speziellen über Fördernotwendigkeiten, die in Förderempfehlungen münden, für die im normalen Unterricht selten genügend Zeit und Raum zur Verfügung steht.

Klasse 4b – Mathematik
Auswertung Probe/Hauptarbeit vom 12.11.04

Aufgabentyp	Zeit	1. rechnen – 7.!18	2. Schrift. Addition 404	3. Schrift. Subtraktion	4. Aufgaben lösen	…	Punkte Zensur	Kommentar
Wiederholung 3. Schuljahr								
Maximale Punktzahl						…	126 P.	
1 Bayram Mehmet	37'	14	24	24	26	…	97/ 2-	Probleme b. Begründungen (RD) → Partnerarbeit (mit Partner!)
2 Brandt Lars	(48')	12	24	16 (4)	14	…	104/ 2	Jetzt: Schrifte. Subtr. ⊕ !! → zusätzliche Aufgaben (Zusatzaufgaben "Genius Team")
3 Ferro Angelina	33'	8	23 R	17 RR	14	…	82/ 3-	Blitzrechnen: Analogie 1.1 → Zehner – Einmaleins! Begründungen schriftl. ändern!
4 Gusowski Sven	30'	14	24	24	17 R	…	116/ 1-	Guter Zahlenüberblick! → Experimentierkind?
5 Hoffmann Markus	36'	14	3 A→S	12 Ü	0 A→S	…	40/ 5-	Subtraktion bei Add. aufgaben vergißt Übertrag !! → zunächst kön. Rechnaktion !! → Druck nehmen !

Für einen systematischen Überblick über die individuellen Leistungen in der Probearbeit empfiehlt sich das Ausfüllen einer Übersichtstabelle, deren wesentlicher Bestandteil die letzte Spalte ist, in die Interpretationen, Förderhinweise u. Ä. eingetragen werden.

Sicherlich bedeutet das Durchführen einer Probearbeit einen Mehraufwand. Dieser ist aber u. E. wegen der vielen Analogien zur Hauptarbeit überschaubar und kann durch die Vorteile aufgewogen werden.

Zur Verringerung des Arbeitsaufwandes besteht eine Variante darin, die Probearbeit als Arbeitsblatt auszuteilen, die Kinder diese ‚unter Klassenarbeitsbedingungen' schreiben zu lassen, aber nicht selbst zu korrigieren, sondern wie ein Übungsblatt mit den Kindern zu besprechen (s. o.). Die Korrektur führen die Kinder dann selbst oder – das gegenseitige Einverständnis vorausgesetzt – mit einem Lernpartner durch.

Eine andere Möglichkeit ist, dass die Kinder ein Arbeitsblatt erhalten, welches die Aufgabenformate der Arbeit enthält, aber von ihnen nicht in einer Klassenarbeitsatmosphäre, sondern unter individuell gewählten Bedingungen bearbeitet wird.

In diesem Zusammenhang möchten wir nicht unerwähnt lassen, dass in manchen Klassen das Schreiben von Probearbeiten oder sogar schon die Ankündigung, dass in einigen Tagen eine Klassenarbeit geschrieben werden wird, bei einzelnen Eltern und Kindern zu gestiegener Unruhe führt.

Lehrerinnen lassen daher verschiedentlich Arbeiten unangekündigt schreiben, um zu verhindern, dass durch übertriebenes Üben der Druck auf die Kinder zu groß wird. Nur sollte dann u. E. der Stellenwert der Arbeiten im Gesamttableau der Instrumente der Leistungsfeststellung auch tatsächlich vergleichsweise gering sein. Nach unserer Erfahrung ist es häufig schon hilfreich, diese Problematik mit dem Kind und seinen Eltern zu besprechen und die ihnen oft unbewussten Zusammenhänge deutlich zu machen.

7.4 Differenzierte Arbeiten

Das Konzept der differenzierten Arbeiten geht davon aus, dass im Sinne einer Kultur der Ermutigung (vgl. Kap. 1) „schwächere" Kinder zunächst im Bereich der grundlegenden Anforderungen Sicherheit erwerben können. Bei differenzierten Arbeiten geht es nicht darum, von allen Kindern innerhalb eines vorgegebenen Zeitraums dieselben Leistungen zu erwarten. Sie enthalten ein differenziertes Aufgabenangebot, das sich sowohl auf Grundanforderungen als auch auf die weiterführenden Anforderungen bezieht.

Die folgende Beschreibung verdeutlicht u. E. die dringende Notwendigkeit einer differenzierten Leistungsfeststellung auch in Klassenarbeiten (MAYER 2002, 7 f.):

> Daniel ist immer einer der Ersten bei der Abgabe und hat keinerlei Schwierigkeiten, die Aufgaben zu bearbeiten. Die sehr kurze Zeit, die er für die meist korrekte Bearbeitung benötigt, spricht dafür, dass die Aufgaben keinerlei Probleme für ihn darstellen, er ist ganz klar unterfordert. Julian hingegen strengt sich beim Schreiben sehr an und ist über eine

lange Zeit sehr konzentriert, was an sich schon eine hohe Leistung für ihn darstellt. Dass er dies weiterhin leistet, ist recht erstaunlich, denn bislang blieben seine Anstrengungen unbelohnt, da er meist eine *Fünf* oder im günstigeren Fall eine schwache *Vier* erhielt. Er hat Probleme, in der maximalen Arbeitszeit fertig zu werden. Zudem ist er bei vielen Aufgaben völlig überfordert.

Obwohl er sich im Vergleich zu Daniel wesentlich mehr angestrengt hat, bekommt er meist ein *Mangelhaft*, während dieser für eine für ihn sehr einfache Pflichtübung ein *Sehr gut* erhält. Auf diese Weise ist eine Leistungserziehung, die in den Kindern die Bereitschaft, Leistung zu erbringen, erhalten und stärken will, nicht zu gewährleisten. Weder Daniel noch Julian erhalten für ihre Leistungen eine individuell angebrachte Note. Daniel erfährt, dass er sich für eine sehr gute Note nicht anzustrengen braucht … Er macht die Erfahrung, dass es reicht, besser als die anderen Kinder zu sein, jedoch erfährt er nicht, dass sich Anstrengungen lohnen.

Auch Julian macht ungünstige Erfahrungen. Obwohl er sich anstrengt, sich konzentriert und für die Arbeit übt, erhält er eine schlechte Note. Im laufenden Schuljahr hat er zweifelsohne Fortschritte gemacht, die jedoch nicht mit dem fortschreitenden Lernstoff mithalten konnten. Wenn man ihn beobachtet, stellt man fest, dass er immer weniger Vertrauen in seine eigene Leistungsfähigkeit hat. Er übernimmt lieber ein Ergebnis seines Tischnachbarn, als seinem eigenen, intensiven Denken zu trauen, das er immer seltener zeigt. Negative Auswirkungen auf sein mathematisches Selbstwertgefühl sind unverkennbar.

Differenzierte Arbeiten können einen Beitrag dazu leisten, Versagensängste abzubauen und Frustrationsgefühlen und Resignation in Bezug auf das Fach Mathematik vorzubeugen.

Die Differenzierung kann dabei u. a. gemäß folgenden Kriterien erfolgen:

- Anzahl der (Teil-)Aufgaben
- Schwierigkeitsgrad der Aufgabendaten (Zahlraum, Rechenanforderungen, ...)
- Komplexität der Aufgabenstellung (Anzahl der Lösungsschritte, Abstraktionsgrad, ...)
- Präsentationsform (Textmenge, unterstützende Abbildungen, Existenz von Hilfsaufgaben oder Beispielen ...)
- Grad der erforderlichen Transferleistungen
- Grad der Anforderungen beim Beschreiben und Begründen

In der Literatur finden sich im Wesentlichen zwei Grundmodelle: das *Sternchenaufgaben-Modell* (vgl. Wuschanksy 1989) und das *Spaltenmodell* (vgl. Wolk 1996; Ebeling 2001; Radatz u. a. 1999, 21 ff.). Wir möchten diesen mit dem *Aufgaben-Wahl-Modell* noch ein drittes hinzufügen.

Sternchenaufgaben-Modell

Das Sternchenaufgaben-Modell, auch Fundamentum-Additum-Modell genannt, lehnt sich an die Vorschläge zu differenzierten Diktaten an. Die Aufgaben werden so angeordnet, dass im ersten, größeren Teil der Arbeit diejenigen Aufgaben zu finden sind, die den grundlegenden Anforderungen zuzuordnen sind. Der zweite Teil deckt die weiterführenden Anforderungen ab.

Diese sind durch ein Sonderzeichen (Sternchen, Blitz, Gewichte, einen senkrechten Strich, ...) gekennzeichnet. Die Kinder können sich nun auf die Grundanforderungen konzentrieren oder ggf. (Teile der) weiterführende(n) Anforderungen bearbeiten.

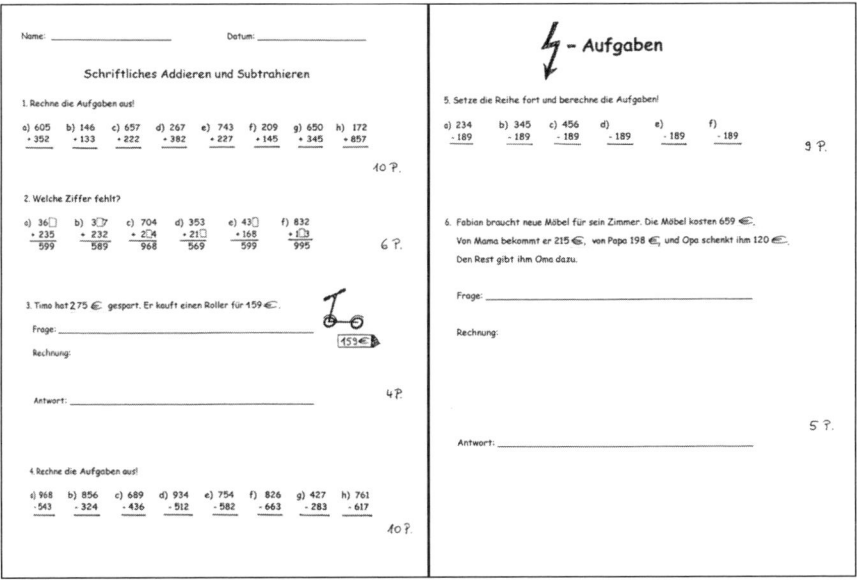

Problematisch bei diesem Modell ist, dass die weiterführenden Anforderungen möglicherweise den stärkeren Kindern vorbehalten bleiben, da zumindest einige der schwächeren Kinder nach zwei Dritteln der Arbeit mit dem Wissen aufhören, dass die folgenden Aufgaben für sie wohl zu schwierig sind oder sie auch keine Zeit mehr haben bzw. ihre Konzentrationsfähigkeit nicht mehr so groß ist, dass sie sich noch produktiv mit anspruchsvolleren Aufgaben auseinander setzen können.

Positiv im Vergleich zu herkömmlichen Arbeiten ist sicherlich, dass der Druck von den Kindern genommen wird, eine vergleichsweise große Anzahl von Aufgaben in der leider häufig knapp bemessenen Zeit bearbeiten zu müssen.

Die vorliegende Beispielarbeit enthält im Wesentlichen Aufgaben, die wir im Aufgabenwürfel (vgl. Kap. 5.1) vorne, oben und links einordnen würden, also Aufgaben, bei denen eindeutige Ergebnisse erwartet werden, die Vorgehensweisen der Kinder nicht relevant sind und die Aufgaben bestenfalls einen sehr geringen Prozessbezug aufweisen. Wir denken aber, dass durch die Beschränkung auf solche recht weit verbreiteten Aufgaben der Blick auf die Strukturen einer differenzierten Arbeit und auch der Vergleich der vorgestellten Modelle vereinfacht werden können.

Den Grundanforderungen entsprechen hier 30 von 44 insgesamt möglichen Punkten. Erreicht man diese, so entspricht das als Zensur einem ‚befriedigend'.

Die Grundidee der Sternchenaufgaben lässt sich natürlich nicht nur zur Unterscheidung von einzelnen Aufgaben, sondern auch von Teilen einer Aufgabe realisieren, etwa wenn die ersten beiden Teilaufgaben a) und b) die Grundanforderungen abdecken und die dritte – durch das Sternchen markierte – Aufgabe c) den weiterführenden Anforderungen entspricht.

Spaltenmodell

Eine Modifikation stellt das so genannten Spaltenmodell dar. Jede einzelne Aufgabe ist nach Schwierigkeitsgrad differenziert. In der jeweils linken Spalte stehen die Aufgaben, die den Grundanforderungen entsprechen, in der rechten die schwierigeren Varianten, die die zusätzlichen Anforderungen darstellen.

Die Schülerinnen und Schüler sind nicht über die gesamte Arbeit auf einen bestimmten Schwierigkeitsgrad festgelegt, sondern können sich bei *jeder* Aufgabe neu entscheiden.

Steht genügend Zeit zur Verfügung, können sich die Kinder auch mit beiden Varianten einer Aufgabe auseinander setzen und anschließend selbst festlegen – oder dieses der Lehrperson überlassen –, ob ihre Bearbeitung der Grund- oder der weiterführenden Anforderungen bewertet werden soll.

Wir denken nicht, dass es für die gleichzeitige Bearbeitung einer Aufgabe in beiden Varianten Zusatzpunkte für richtige Bearbeitungen geben sollte. Natürlich leistet ein Kind, das beide Varianten bearbeitet, mehr als eines, das sich auf eine Seite konzentriert. Aber solche Sonderregelungen würden die Bepunktung durcheinander bringen.

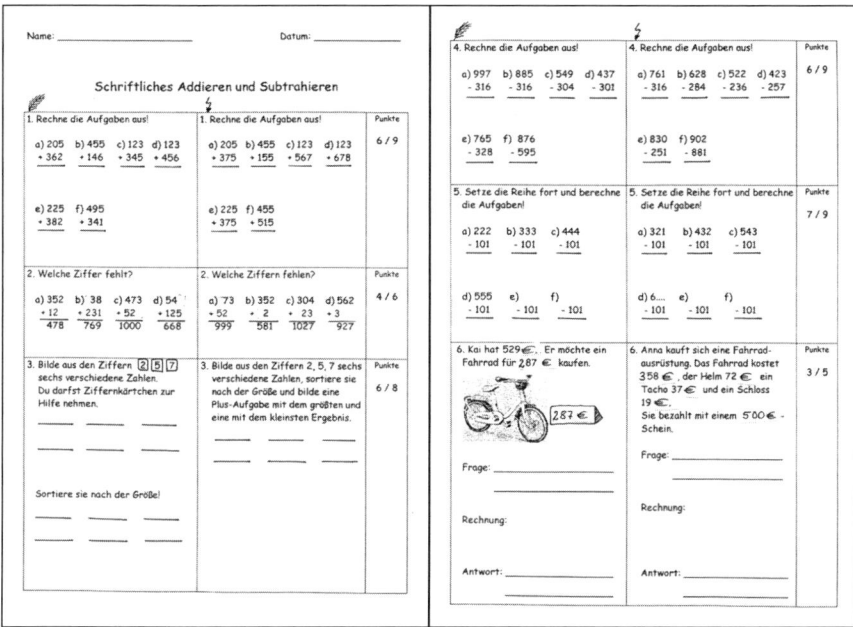

An dieser Stelle wollen wir anhand eines Beispiels verdeutlichen, dass auch in differenzierten Arbeiten offene, informative und prozessbezogene Aufgaben eine stärkere Berücksichtigung finden können (vgl. Kap. 5).

Wenn Ziffernnoten zu erteilen sind, entspricht auch hier die fehlerlose Bearbeitung der kompletten linken Spalte (Grundanforderungen) einem *befriedigend'*. Es versteht sich unseres Erachtens von selbst, dass den Kindern vorher nicht nur diese Information, sondern auch das Prinzip der differenzierten Mathematikarbeiten, die Bewertungskriterien und die Art der Aufgabenstellungen transparent sein müssen. Das kann auch anhand von teildifferenzierten Arbeiten oder differenzierten Hausaufgaben analog zum Spaltenmodell geschehen.

Als hilfreich – auch für einen Elternabend – hat sich in diesem Zusammenhang die unterrichtliche Auseinandersetzung mit dem Bilderbuch „Wenn die Ziege schwimmen lernt" (MOOST/KUNSTREICH 1997) erwiesen. Hier wird die Fabel von der Schule der Tiere sehr anschaulich entfaltet, die unterschiedliche Fähigkeiten und Defizite haben und durch schematische Formen der Leistungsmessung nicht nur die anfängliche Freude an der Schule, sondern nach und nach auch das Zutrauen in ihre eigenen Kompetenzen verlieren.

Zur Erhöhung der Transparenz für die Schülerinnen und Schüler, aber ggf. auch zur Relativierung der eigenen Auffassungen über das, was als einfach und was als schwierig gilt, kann es beitragen, wenn die Kinder im Anschluss an die Bearbeitung jeweils angeben, ob es sich um ihres Erachtens leichtere oder um schwierigere Aufgaben handelte.

Eine andere Möglichkeit besteht darin, die Kinder in Anlehnung an behandelte bzw. vorgegebene Aufgaben leichte oder schwierige Aufgaben für die anstehende Arbeit selbst erfinden zu lassen (vgl. Kap. 7.2).

Das Spaltenmodell hat sicherlich die genannten Vorteile. Es beinhaltet aber auch einige potenzielle Schwierigkeiten. Das Wissen um sie kann dazu beitragen, ihr Auftreten weniger wahrscheinlich zu machen.

- Manche Schüler überlegen lange bei der Aufgabenauswahl und verlieren dadurch die Zeit, die sie für die Bearbeitung der Aufgaben benötigen. Hier könnten flexible Zeitvorgaben – zumindest am Anfang – hilfreich sein.
- Manche Kinder haben zu wenig Zutrauen in ihr Können und wählen bevorzugt die linke Spalte. Die Lehrerin könnte diese Kinder dazu ermutigen, nicht immer auf die vermeintliche ‚Nummer sicher' zu gehen, oder ihnen aufgabenbezogen eine ‚zweite Chance' (vgl. Kap. 7.1) einräumen.
- Für die Kinder ergibt sich ein höherer Leseaufwand, der Probleme bei denjenigen von ihnen erzeugen kann, die nicht so flüssig lesen können. Hier kann der Einsatz prinzipiell bekannter Aufgabenanforderungen dazu beitragen, dass dieser reduziert wird.

- Einige Kinder entscheiden sich ‚willkürlich', da ihnen nicht klar ist, worin die Schwierigkeitsunterschiede bestehen. Sie wählen dann prinzipiell Aufgaben aus einer Spalte oder springen zufällig – so scheint es – zwischen beiden Spalten hin und her. Hier ginge es darum, dass den Kindern vorab klar werden kann, was die Differenzierungskriterien sind.
- Der Zeitaufwand für die Vorbereitung ist nicht gering, was nicht zuletzt daran liegt, dass es nicht immer einfach ist, jeweils zwei niveau-unterschiedliche, zueinander passende Aufgaben zu finden und hier die Bepunktung aufeinander abzustimmen.

Wenn wir das Spaltenmodell Kolleginnen und Kollegen vorstellen, werden nicht selten diese und ähnliche Argumente angeführt – wie wir finden, sicherlich nicht zu Unrecht. Bemerkenswert finden wir aber schon, dass weitere in Diskussionen angeführte Punkte oft nicht spezifisch gegen den Einsatz differenzierter Arbeiten sprechen. Die Verfremdung herkömmlicher Klassenarbeiten im Spaltenmodell scheint bestimmte grundsätzliche Problemfelder deutlicher hervortreten zu lassen, wie etwa eine gerechte Beurteilung oder der Grad der Verständlichkeit der Aufgabenstellungen.

Aufgaben-Wahl-Modell

Beim Spaltenmodell werden vergleichbare Anforderungen (z. B. die Lösung einer schriftlichen Additionsaufgabe oder das Einzeichnen von Symmetrie-Achsen) auf zwei unterschiedlichen Niveaus gestellt. Alle Kinder müssen sich mit allen vorgesehenen inhaltlichen Anforderungen in der einen oder der anderen Variante auseinander setzen.

Beim Aufgaben-Wahl-Modell, das wir abschließend vorstellen möchten, können die Schüler aus einem Pool durchaus unterschiedlich angelegter Aufgaben auswählen, zum Beispiel sechs aus acht Aufgaben. Dabei ist es sowohl möglich, dass für alle Aufgaben die gleichen Punktzahlen vergeben werden, als auch, dass es unterschiedlich viele Punkte für die einzelnen Aufgaben gibt. Das Aufgaben-Wahl-Modell versucht dem Umstand Rechnung zu tragen, dass nicht alle Kinder alle unterschiedlichen Aufgabenanforderungen gleich gern und gleich gut bewältigen können und zudem eine Klassenarbeit ohnehin immer nur (allerdings von der Lehrerin) ausgewählte Aufgaben enthält. Zudem kann das ‚Abwählen' einzelner Aufgaben für die Lehrerin eine interessante Information darstellen.

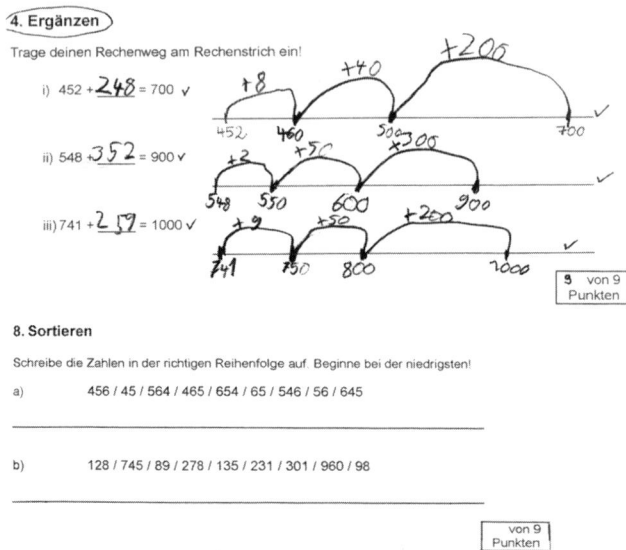

4. Ergänzen

Trage deinen Rechenweg am Rechenstrich ein!

i) $452 + 248 = 700$ ✓

ii) $548 + 352 = 900$ ✓

iii) $741 + 259 = 1000$ ✓

9 von 9 Punkten

8. Sortieren

Schreibe die Zahlen in der richtigen Reihenfolge auf. Beginne bei der niedrigsten!

a)   456 / 45 / 564 / 465 / 654 / 65 / 546 / 56 / 645

b)   128 / 745 / 89 / 278 / 135 / 231 / 301 / 960 / 98

von 9 Punkten

Die Beispiele entstammen einer Klassenarbeit im 3. Schuljahr, bei der für jede Aufgabe die Maximalpunktzahl von 9 Punkten zu erreichen war. Die Aufgabenformate waren den Kindern bekannt und sie entschieden sich, abhängig von ihren Kompetenzen, dazu, die Aufgaben zu bearbeiten oder auszulassen.

Die Schülerinnen und Schüler konnten auch mehr als sechs Aufgaben lösen, sofern sie die Zeit dazu hatten, und dann selbst durch Ankreuzen angeben, welche Aufgaben in die Wertung kommen sollten. Eine andere Möglichkeit hätte darin bestanden, dass die Lehrperson alle bearbeiteten Aufgaben durchgesehen und die sechs besten in die Wertung einbezogen hätte.

Wie beim Spalten-Modell ist auch hier eine gemäßigtere Variante denkbar, die sich möglicherweise als Einstieg eignet. Hier sind eine Reihe von Aufgaben durch alle Kinder zu bearbeiten und am Schluss haben die Kinder die Wahl zwischen beispielsweise zwei unterschiedlichen Aufgaben, die sie angehen können.

8 Ermutigend rückmelden

Wie wir bereits ausgeführt haben, ist die Aussagekraft von Ziffernnoten vergleichsweise gering: Sie unterliegen erheblicher Willkür, sie würdigen die bisherigen Lernanstrengungen nur eingeschränkt, und sie bieten keine Hilfen für das Weiterlernen (vgl. Kap. 2.2).

Eine Kultur der Ermutigung, in deren Rahmen das *Unterstützen* und nicht das *Überprüfen* als primäre Aufgabe von Schule angesehen wird, sieht Ziffernnoten daher nicht als das zentrale Element der Rückmeldung an, sondern setzt hier auf andere Formen (vgl. BARTNITZKY 2004), die ...

- ... Lernprozesse in einer Form ansprechen, die für das Kind relevant und verstehbar ist,
- ... dem Kind ein ermutigendes Resümee seines bisherigen Lernens geben und Perspektiven für das weitere Lernen einschließen,
- ... das Kind als lernendes Subjekt ernst nehmen, es also in den Lerndialog einbeziehen, auf Vereinbarungen, Absprachen, eigenständige Lernprozesse und Lerngespräche zurückgreifen,
- ... nicht nur Leistungsbilanzen über Kinder sind, sondern auch über die Leistungen der Lehrerinnen und Lehrer, denn jede Beurteilung eines Kindes ist immer auch eine Beurteilung des eigenen Unterrichts.

An vielen Stellen dieses Buches haben wir verschiedene Beispiele hierfür gegeben, die wir in diesem Kapitel nun systematisieren und ergänzen werden. Im Einzelnen beschreiben wir mit den *mündlichen Rückmeldungen,* hier speziell mit dem *Kinder-Sprechtag*, den *Rückmeldebogen* und den *Rückmeldetexten* drei unterschiedliche Formen.

Mündliche Rückmeldungen

Lehrerinnen und Lehrer geben in Unterrichtsgesprächen oder in Gesprächen mit Schülerinnen und Schülern laufend und häufig unbewusst Rückmeldungen. Daher ist es u. E. wichtig, darüber nachzudenken, wie diese so erfolgen können, dass sie die Kinder unterstützen.

Hierzu ein Beispiel: Bei der schriftlich gerechneten Aufgabe 285 – 192 zog Murat stets die kleinere von der größeren Ziffer ab, unabhängig von der Zugehörigkeit zu Minuend bzw. Subtrahend. Auf seine Frage, ob die Rechnung mit dem Resultat 113 richtig sei, kann man ganz unterschiedlich reagieren.

Einige Möglichkeiten haben wir angeführt, viele weitere sind denkbar. Was würden Sie tun?

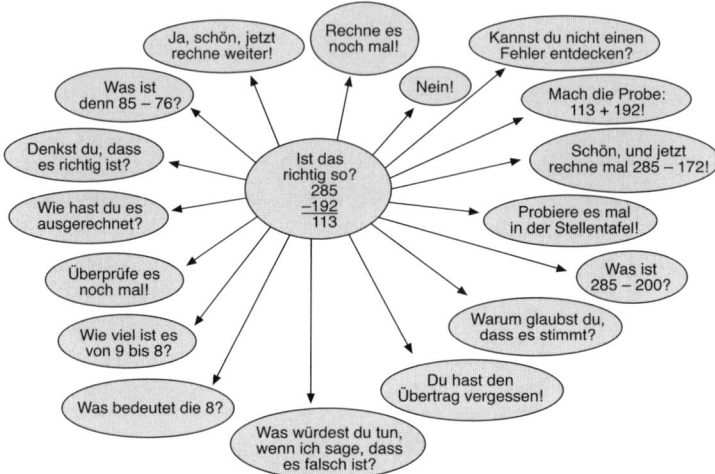

Wie man reagiert und was man mündlich rückmeldet, hängt natürlich von der Situation und dem Förderkonzept für das jeweilige Kind ab. Aber normalerweise erscheint es uns sinnvoll, es nicht direkt zu belehren oder seine Äußerung zu bewerten, sondern – ganz in Übereinstimmung mit den im Kap. 3.2 formulierten Leitideen für mündliche Standortbestimmungen – ‚den Ball zum Kind zurückzuspielen'.

Die Wertschätzung der Denkleistung von Murat kann sich etwa dadurch zeigen, dass er zunächst gebeten wird, seinen Lösungsweg zu erklären. Eine andere Möglichkeit besteht darin, einen Impuls zu geben oder eine Frage zu stellen, die ihn dazu anregen kann, über seinen Rechenweg nochmals nachzudenken (z. B. ‚Rechne 285 – 172!').

Bei größeren Vorhaben – etwa wenn Kinder ein Forscherheft oder einer Serie von Aufgaben aus der Geometriekartei bearbeitet haben – scheint uns das Durchführen kurzer mündlicher Rückmeldungsgespräche wichtig zu sein. Schließlich haben sich Kinder über einen längeren Zeitraum intensiv mit einem Thema auseinander gesetzt und ihre diesbezüglichen Leistungen dokumentiert. Diese Anstrengungen sollten für das Kind erkennbar gewürdigt werden.

Solche individuellen Rückmeldungsgespräche können informell in offenen Unterrichtsphasen erfolgen oder auch ritualisiert beispielsweise im Rahmen einer wöchentlichen Kinder-Sprechstunde oder eines Kinder-Sprechtags.

Bevor wir im nächsten Abschnitt auf diesen Punkt etwas ausführlicher eingehen, möchten wir noch einen u. E. wichtigen Gedanken andeuten: Wir denken, dass das Rückmelden keineswegs Sache der Lehrerin allein ist, sondern mehr und mehr auch in die Hand der Kinder gegeben werden kann (vgl. Kap. 6.3). Solche Rückmeldungen beispielsweise in abschließenden Präsentations- oder Reflexionsphasen sollten dann aber kriteriengeleitet und möglichst sachorientiert erfolgen.

Kinder-Sprechtag

Da schriftliche Rückmeldungen bei allen Bemühungen der Verfasser für die Kinder manchmal nicht einfach zu verstehen sind und Erwachsene und Kinder in einen Dialog über das Lernen eintreten sollen, schlagen wir vor, einen Kinder-Sprechtag durchzuführen, an dem sich die Lehrerin mit den einzelnen Kindern über deren Leistungen austauscht (vgl. Titelbild). Unserer Erfahrung nach handelt es sich dabei um ein sehr wirksames Instrument nicht nur dafür, den Kindern eine Rückmeldung zu ihren Lernentwicklungen zu geben, sondern auch dafür, sie zur Reflexion über vergangenes und zukünftiges Lernen anzuregen.

Im Vorfeld eines auf den Mathematikunterricht beschränkten Kindersprechtags zur Mitte des zweiten Schuljahres bekamen die Kinder eine Tabelle, in der sie zunächst ankreuzen konnten, was ihres Erachtens am Kinder-Sprechtag besprochen werden sollte.

Kinder-Sprechtag
am 19. 4. 2005

	Darüber möchte ich sprechen	Darüber möchte Frau Sundermann mit dir sprechen
Blitzrechnen		
Hausaufgaben	X	
Wochenblätter und Wochenpläne		
Mitarbeit		
Mein Körperbuch	X	X
Zahlenketten-Forscherheft	X	X
Mathe-Club		
Blitze Ecken-Blitzrechnen	X	
Mister X	X	
Einmaleins	X	

Auch die Lehrerin gab an, was nach ihrer Meinung thematisiert werden sollte. Für die Organisation hat sich Folgendes bewährt: Eine Liste wurde ausgehängt, in welcher Reihenfolge die Kinder zum Sprechtag kommen sollten, so dass sich die Schülerinnen und Schüler auf das Gespräch vorbereiten konnten. So suchten sie beispielsweise eigene Arbeiten zusammen oder sahen noch einmal die letzten Wochenblätter durch.

Möglich ist es auch, Termine zu vergeben, doch muss diese Liste nicht selten verändert werden, da einzelne Gespräche kürzer oder länger dauern als erwartet. Auf jeden Fall empfiehlt es sich, die Liste gruppentischweise zu erstellen. Das sorgt für mehr Ruhe, da ein Kind beispielsweise sehen kann, dass es in Kürze seinen Termin hat, wenn gerade die Nachbarin beim Sprechtag ist.

Die Gespräche fanden während des Unterrichts statt. Jeweils ein Kind kam an einen frei stehenden Tisch, auf dem das Schild „Kinder-Sprechtag – Bitte nicht stören" signalisierte, dass Lehrerin und Kind nicht gestört werden wollten. Die anderen Kinder befassten sich mit Aufgabenstellungen, an denen sie selbstständig arbeiten konnten und für die vorab Experten benannt worden waren, so dass die Lehrerin sich ganz dem Gespräch mit dem jeweiligen Kind widmen konnte.

Die Kinder hatten wie die Lehrerin Unterlagen mitgebracht (Forschermappen, Portfolio, …), die in die jeweils etwa 5- bis 10-minütigen Unterhaltungen einbezogen wurden. Abschließend wurden Vereinbarungen zur Weiterarbeit getroffen, von der Lehrerin oder dem Kind dokumentiert und von beiden unterschrieben. Den Bogen nahmen die Kinder mit nach Hause und gaben ihn den Eltern zur Kenntnis, die ebenfalls unterschrieben.

Das haben wir verabredet:

ich möchte ✳️ Hausaufgaben.
Wir spielen abwechselnd Blitzrechnen
und Mister X. Wenn du möchtest,
darfst du im Mathebuch weiterrechnen,
wie du das willst.

| Kind | Frau Sundermann | Eltern |

Wir denken, dass Kindersprechtage so effektiv sind, dass man versuchen sollte, sie ein- bis zweimal im Halbjahr durchzuführen. Vorteile sind:

- Durch die unmittelbare Rückkopplung im Gespräch sind die in ihnen besprochenen Punkte für das Kind häufig vergleichsweise leicht verständlich.
- Es ist möglich, im Dialog Absprachen für die weitere Arbeit zu entwickeln und zu treffen.
- Kinder-Sprechtage sind persönlicher durch die direkte Ansprache als lediglich ausgeteilte schriftliche Dokumente.
- Sie ergänzen und erläutern schriftliche Berichte auf relativ unaufwändige Weise, sie können schriftliche Dokumente auch zumindest teilweise ersetzen, ihre Vorbereitung und Durchführung sind nicht so aufwändig wie das Schreiben eines Textes.

Im Anschluss an die Gespräche mit den Kindern konnte sich die Lehrerin eine Übersicht über wesentliche Absprachen machen, zum Beispiel:

- Blitzrechnen stärker üben: Thea, Nino, Timmy, Cem
- verbleibende Seiten im Mathebuch freigeben: Tino, Lotta, Marie, René
- mehr *–Hausaufgaben: Thea, Dominik, Joshua
- neue Lernpartner: Timmy und Sina, Marcel und Jaqueline
- insgesamt: mehr Kopfrechenspiele, wieder mehr Geometrie.

Kindersprechtage können nicht nur ‚herkömmliche‘ Elternsprechtage vorbereiten, sondern auch im Zusammenhang mit Gesprächen zwischen Kind, Eltern(teil) und Lehrerin gesehen werden (vgl. THEILER u. a. 2001; vgl. www.volksschulbildung.ch/GBF/).

Rückmeldebögen

In Rückmeldebögen werden die Beurteilungskriterien angeführt (z. B. *„Du hast jede Aufgabe vollständig gelöst."* oder *„Du hast passende Plusaufgaben gefunden."*). Auf einer drei- oder vierstufigen Skala kreuzt die Lehrerin dann ihre Einschätzung der Leistungen – im folgenden Beispiel bezüglich der Arbeit eines Kindes in einem ‚Zahlenhäuser-Buch' – an.

Mein Zahlenhäuser-Buch

Deine Arbeit im Zahlenhäuserbuch

	Das hast du super gemacht.	Das war absolut in Ordnung.	Daran musst du noch arbeiten.
Du hast mindestens eine Seite pro Aufgabe gelöst.	X		
Du hast jede Aufgabe vollständig gelöst.		X	
Du hast eigene Zahlenhäuser erfunden.		X	
zu Aufgabe 1:			
Du hast viele verschiedene Plusaufgaben gefunden.	X		
Du hast passende Plusaufgaben gefunden.	X		
zu Aufgabe 2			
Du hast alle Plusaufgaben gefunden.		X	
Du konntest die Detektivaufgabe lösen.	X		
zu Aufgabe 3			
Du konntest die fehlenden Zahlen finden.		X	
Du hast die Tauschaufgaben in derselben Farbe angemalt.		X	
Du hast eigene Zahlenhäuser mit Tauschaufgaben gefunden.		X	
zu Aufgabe 4			
Du konntest die Zahlenmuster passend fortsetzen.		X	

Bemerkung: Liebe ____!
Du hast ganz toll in deinem Zahlenhäuserbuch gearbeitet! Super, dass du auch immer versucht hast, die schwierigere rechte Seite zu lösen! Du hast das spitze gemacht!

Deine Lehrerin: ____ Datum: ____

Auch die auf individuelle Leistung bezogenen Kurzrückmeldungen können unterhalb der Ankreuz-Tabelle aufgenommen oder – wie das folgende Beispiel zeigt – als deren Bestandteil in direktem Bezug zu den bearbeiteten Aufgaben gegeben werden.

Stationen	So schätze ich mich ein....			So schätzt deine Lehrerin deine Leistungen im Moment ein....			Kommentar
	Das kann ich gut	Das kann ich ziemlich gut	Das muss ich noch üben	Das kannst du gut	Das kannst du ziemlich gut	Das musst du noch üben	von Frau Sundermann
1. Schriftlich addieren Beispiel: $\begin{array}{r}366\\+379\\\hline 745\end{array}$	X			X			+ Hier hast du nur wenige Fehler gemacht. Prima!
2. Schriftlich subtrahieren Beispiel: $\begin{array}{r}849\\-62\\\hline 787\end{array}$	Das war leider nicht so! →				X		− Hier hast du 8 von 28 Aufgaben richtig. Aber immer wenn es um Übertrage ging, hat es nicht gestimmt
3. Multiplizieren Beispiel: $70 \cdot 5 = 350$	X				X		+ Hier hast du auch vieles richtig gelöst!
4. Dividieren Beispiel: $425 : 65 = 7$	X				X		○ Du hast fast alle Divisionsaufgaben richtig gelöst. Wenn es Sachaufgaben sind, ist es noch etwas schwierig
5. Rechnen mit Längen Beispiel: $70mm \cdot 7cm$	X				X		○ Das Rechnen und Umwandeln kannst du gut. Aber ich kann auch
6. Rechnen mit Gewichten Beispiel: $750g + 250g = 1000g$	X				X		○ sehen, dass wir vor allem das Verstehen und Rechnen von Sachaufgaben üben müssen.

Frau Sundermanns Kommentar: Das möchte ich noch sagen: Du bist immer fleißig und strengst dich an! ☺
* Wir müssen vor allem das schriftliche Subtrahieren wiederholen. Ich glaube nämlich, dass du da etwas falsch verstanden hast. Aber weil du ja so fleißig bist, werden wir das in den Griff kriegen!!

In der linken Hälfte dieses Rückmeldebogens sind zunächst verschiedene Inhalte angeführt, die an verschiedenen Lernstationen im Rahmen einer ‚Rechenolympiade' am Ende des 3. Schuljahres wiederholend geübt wurden. Dabei wurde nicht nur die Überschrift, sondern jeweils auch ein repräsentatives Beispiel angegeben. Im obigen Beispiel kreuzte Yannick für jede Aufgabengruppe an, wie er selbst seine diesbezüglichen Kompetenzen einschätzte.

In der rechten Hälfte gab die Lehrerin ihre diesbezügliche Einschätzung ab, die weitgehend mit Yannicks eigenem Urteil übereinstimmte. Lediglich bei der schriftlichen Subtraktion hatte die Lehrerin eine differierende Wahrnehmung. Die Spalte für erläuternde Kommentare nützte sie bei Yannik vollständig aus und gab auch noch weitere Rückmeldungen unterhalb der Tabelle.

Rückmeldungen sollten aber u. E. nicht nur in Bezug auf die fachlichen Leistungen erfolgen. Auch das Arbeitsverhalten sollte in dieser Weise in den Blick genommen werden, denn die Kinder sollen ja – im Sinne der erziehenden Dimension von Unterricht – auch in zunehmendem Maße lernen, ihr Lernen selbst zu organisieren. Die Abbildung zeigt eine diesbezügliche Rückmeldung zum Wochenplan von Aline.

✔ Daran hast du gedacht:	immer ☺	oft ☺	selten ☹	♥
die Überschriften			X	
das Datum		\	X	
✔ Du hast deine Arbeiten so abgegeben:	pünktlich ☺	einen Tag später ☺	zu spät ☹	♥
	X			♡
✔ Deine Arbeiten:	sind fertig ☺	sind teilweise fertig ☺	fehlen ☹	♥
	X			♡
✔ Du hast deine Arbeiten so gestaltet:	sorgfältig ☺	mal so, mal so ☺	flüchtig ☹	♥
	X			♡

Texte

Sicherlich aufwändiger, aber natürlich informativer, sind ausführlichere schriftliche Rückmeldungen. Steffen hat über einen längeren Zeitraum eine Aufgabensammlung in seinem Heft bearbeitet. Seine Lehrerin kommentierte dieses wie folgt.

Lieber Steffen!

An diesem Heft kann man erkennen, dass du ganz viel kannst und ein guter Mathematiker bist! Plusaufgaben fallen dir besonders leicht ♥ und du kennst viele verschiedene Rechenwege! Besonders gut gefallen haben mir deine erfundenen Aufgabenpaare bei der Nr. 2d. Hier kann man sehen, dass du die Aufgabe 2 gut verstanden hast und Beziehungen zwischen Zahlen erkennst, also gut mit Zahlen umgehen kannst. Minusaufgaben kannst du rechnen, wenn du sie untereinander schreibst. Kennst du noch andere Rechenwege? Ich habe dir einen aufgeschrieben. Sieh ihn dir mal an. Die Textaufgaben hast du richtig gelöst! Bei Nr. 7 hättest du noch ausrechnen können, wieviel Geld Julia übrig hat!

Deine Frau Mayer

Um die individuelle Ausrichtung zu verstärken und die Verständlichkeit für das Kind – und damit oft auch für die Eltern – zu erhöhen, ist es möglich, auch das Zeugnis in Form eines durch Ansprache und geeignete Wortwahl an das Kind adressierten (Jahres-)Briefs zu verfassen bzw. dem Standardzeugnisformular beizufügen.

> Lieber Timo!
> Im Mathematikunterricht arbeitest du weiterhin mit großem Einsatz und widmest dich den Arbeitsaufträgen intensiv. Du solltest aber bei unseren Mathematikgesprächen darauf achten, dass du etwas aufmerksamer bist und dich aktiver beteiligst, da ihr hierbei besonders viel voneinander lernen könnt.
> Additions- und Subtraktionsaufgaben kannst du schriftlich sicher ausrechnen. Beim Kopfrechnen und beim halbschriftlichen Rechnen hattest du manchmal Schwierigkeiten, wenn du nicht auf die Größenordnung der Zahlen geachtet hast. Hier solltest du insgesamt mehr Blitzrechenübungen im Tausenderraum durchführen.
> Die Aufgaben des kleinen Einmaleins und des kleinen Einspluseins kannst du alle ermitteln, dabei solltest du aber weiterhin an deiner Schnelligkeit und Sicherheit üben. Bei Malaufgaben des großen Einmaleins kommst du mit dem Malkreuz meistens zum richtigen Ergebnis, nur manchmal rechnest du die richtigen Teillösungen fehlerhaft zusammen.
> Dein räumliches Vorstellungsvermögen hast du intensiv und erfolgreich an den SOMA-Stationen geschult. Weitere Übungen in der Geometrie helfen dir auch dabei, dir unter Zahlen etwas vorzustellen.
>
> Deine Frau Thiele

Entscheidend ist also hier nicht nur die Lernentwicklung, sondern auch die Lernperspektive. Es gilt, dem Kind weiter Mut zu machen und konkrete Vorschläge für das Weiterlernen zu unterbreiten. So ist ein Zeugnis nicht ein in seiner Bedeutung für den Lernerfolg überhöhtes, singuläres Ereignis, sondern bietet *Rückschau* und *Ausblick* und ist so in die tägliche Arbeit eingebunden.

Rückmeldungen zu den Rückmeldungen

Unabhängig davon, für welche Form der Rückmeldung man sich entscheidet, ist es wichtig, dass die Lehrerin darüber mit den Kindern ins Gespräch kommt. Das kann beispielsweise dadurch geschehen, dass die Lehrerin die Kinder im Vorfeld bittet, sich selbst (begründete) Noten zu geben (vgl.

Kap. 4.3), ein Zeugnis für die Lehrerin zu schreiben oder selbst Rückmeldung zur Rückmeldung der Lehrerin zu geben, wie aus dem folgenden Beispiel deutlich werden kann.

> Liebe
> das sehe ich genauso wie du:
> Du gibst dir viel Mühe, auch wenn
> du dich nicht so oft meldest.
> Das schnelle Rechnen und das
> Erkennen von „Rechentricks" musst
> du noch üben. Aber: Deine Klassen-
> arbeiten zeigen, dass du im Vergleich
> zum 1. Halbjahr tolle Fortschritte
> gemacht hast. ☺
> Ich kann dir auf dem Zeugnis
> ein „gut" (2-) geben.
> Liebe Grüße!
> Antwort: Na gut ich melde mich nicht
> so oft! Aber mit der 2 bin ich sehr
> zufrieden.

Die Rückmeldungen der Kinder erfolgten – wie erwartet – nicht nur inhaltsbezogen, sondern waren auch abhängig von der erhaltenen Note, wie es das folgende Beispiel abschließend zeigt.

> Auf dem Halbjahres Zeugniss hatte
> ich eine 3.
> Als ich das meiner Mutter erzahlt
> habe, ist sie fast vorfreude ohnmächtich
> geworden.
> Mich freut es auch sehr.
> Liebe Grüße

9 Zentrale Lernstandserhebungen

Nicht alle Vorschläge, die wir in diesem Buch für einen veränderten Umgang mit den Leistungen der Schülerinnen und Schüler machen, werden aufgrund ungünstiger Rahmenbedingungen – wie hoher Arbeitsbelastungen oder großer Klassen – überall zu realisieren sein.

Gleichwohl wollen wir aufzeigen, was unseres Erachtens im Interesse der Schülerinnen und Schüler, der Lehrerinnen und Lehrer sowie des Faches Mathematik möglich, ja u. E. eigentlich erforderlich ist. Und so möchten wir die Leserinnen und Leser ermuntern, die für ihre individuelle Situation passenden Vorschläge auf den eigenen Unterricht zu übertragen und weiterzuentwickeln.

In diesem Zusammenhang wollen wir abschließend einen ganz entscheidenden Punkt ansprechen: Es ist nicht nur unsere Erfahrung und Befürchtung, dass das Instrument *verpflichtender zentraler Lernstandserhebungen* bei manchen positiven Auswirkungen auch die Gefahr mit sich bringt, dass der dadurch erzeugte Druck von außen die Weiterentwicklung der pädagogischen Leistungsschule (vgl. Kap. 1) behindert oder gar verhindert. Denn angesichts der Bedeutung, die den zentralen Lernstandserhebungen in der öffentlichen Diskussion zukünftig vermutlich zukommen wird, ist die Annahme nicht völlig abwegig, dass sich der Unterricht in vielen Klassenzimmern – zumindest in den ‚heißen Phasen‘ vor deren Durchführung – mehr und mehr auf die Testvorbereitung konzentrieren wird. Dann hätten wir ein ‚teaching to the test‘, wie es aus England oder den USA berichtet wird.

Das dort vorherrschende, der Wirtschaft entlehnte und für die Schule u. E. nur bedingt taugliche Konkurrenzmodell führt dazu, dass Schulen durch die Publikation von Leistungsdaten in Rankings unter Druck gesetzt werden.

In der US-amerikanischen Literatur wird allerdings deutlich, dass die Orientierung an Teststandards bislang die erwarteten Erfolge lediglich ansatzweise nach sich gezogen hat. Im Gegenteil kann festgehalten werden: Tests messen nicht immer das, was sie vorgeben zu testen, schwache Schulen und schwache Schüler werden z. T. noch schwächer, nicht wenige Lehrer und Schüler werden demotiviert, die Testinstitute werden immer mehr zu den heimlichen Agenten des Unterrichts, die erhofften Leistungssteigerungen treten nicht ein, wenn man genau hinschaut, usw. (vgl. BRÜGELMANN 1999; 2005, S. 278 ff.). Warum werden nun aber hierzulande angesichts dieser Befunde zentrale Lernstandserhebungen als unverzichtbar für die Qualitätsentwicklung angesehen?

Zentrale Lernstandserhebungen sind das entscheidende Kennzeichen des von verschiedenen Entscheidungsträgern angestrebten und viel zitierten Paradigmenwechsels im deutschen Schulsystem von der so genannten Input- zur so genannten Output-Steuerung.

So schreibt beispielsweise HELMKE (2003, S. 11): „Die Orientierung an messbaren Wirkungen der Schule (‚Output') bedeutet den Abschied von der gerade hierzulande gepflegten Input-Orientierung ...: Sicherung der Bildungsqualität allein durch solide Lehrerausbildung, gute Infrastrukturen, sorgfältig ausgewählte Curricula und sinnvoll gestaltete Stundentafeln." Begründet wird die Notwendigkeit dieser ‚empirischen Wende' in der Regel mit dem schlechten Abschneiden der *15-Jährigen* bei den PISA-Rankings. So schlüssig die Argumentation auf den ersten Blick erscheint, so fragwürdig ist sie bei genauerem Hinsehen. Denn es wird nicht beachtet, dass die deutschen *Viertklässler* bei der so genannten IGLU-Studie deutlich bessere Resultate erzielten: anders als bei PISA oberhalb des OECD-Durchschnitts und im Mittelfeld der EU-Länder.

Es bleibt zu fragen, wie die kritisierte Input-Steuerung gleichzeitig Ursache für die recht guten Leistungen in der Primarstufe und die vergleichsweise schlechten Ergebnisse in der Sekundarstufe I sein kann. Vermutlich müssen hier noch eine Reihe weiterer möglicher Ursachenfaktoren und deren Wechselwirkungen betrachtet werden.

Ein zweiter Punkt: Kann man wirklich von einer ‚hierzulande gepflegten Input-Orientierung' sprechen? Wir denken, dagegen spricht beispielsweise die weitgehende Nichtexistenz von Lehrerfortbildung, die Überlastung vieler Lehrerinnen und Lehrer (z. B. durch Arbeitszeiten von weit über 50 Wochenstunden), die mangelnde Ausstattung zahlreicher Schulen und Klassenzimmer, die kaum vorhandene fachdidaktische Ausbildung der Gymnasiallehrerinnen und -lehrer, das fachfremde Unterrichten von Mathematik in den Grundschulen vieler Bundesländer usw. usf.

Zudem wird drittens die skizzierte Gegenüberstellung von ‚Input' und ‚Output' der Komplexität von Lehr-/Lernprozessen nicht gerecht (vgl. BRÜGELMANN 2004, S. 2): „Die simplen Modelle überspringen die vielen Zwischenstationen und Übersetzungaktivitäten auf dem Weg von bildungspolitischen Grundsatzentscheidungen, über Richtlinien, Lehrpläne und Stundentafeln, Schulbücher und Arbeitsmaterialien, Schulprogramme/ -profile, Stoffverteilungspläne in den Fächern und konkrete Unterrichtseinheiten, die Inszenierung des Unterrichts durch einzelne Lehrerinnen, individuelle Aktivitäten der Schülerinnen und deren unmittelbare Erfahrungen aus diesen Aktivitäten bis hin zu kurzfristigen Lerneffekten und dann längerfristigen Lernerfolgen. Der konkrete ‚Input' für die Lernarbeit der Schülerinnen ist also der – seinerseits vielfältig bedingte – Unterricht."

Die Notwendigkeit der Durchführung zentraler Lernstandserhebungen, bei denen *sämtliche* Schülerinnen und Schüler zeitgleich dieselben – und nach bisherigen Erfahrungen – in der Regel geschlossenen Aufgaben bearbeiten müssen, kann aus der Forschung bislang nicht klar abgeleitet werden, insbesondere wenn der Eindruck nicht ganz von der Hand zu weisen ist, dass sich deren anschließende Unterstützungs-Maßnahmen zur Steigerung der Qualität des konkreten *Unterrichts* eher die Ausnahme sind. Das ist jedoch keine Absage an großflächig angelegte Leistungsmessungen.

Aber: Für eine Analyse der Qualität des Systems (‚System-Monitoring') reichen nach allem, was man weiß, Tests mit repräsentativen Stichproben aus, die alle drei bis fünf Jahre durchgeführt werden. Dort genutzte qualitätvolle Aufgaben und für Lehrpersonen aussagekräftige Vergleichsdaten sollten Lehrerinnen und Lehrern als *Ergänzung* (nicht zur *Ersetzung*) ihres Repertoires zur Leistungsfeststellung und -beurteilung zur Verfügung gestellt werden.

System-Monitoring ist allerdings nur ein Element im Tableau der Maßnahmen zur Qualitätsentwicklung. Unterrichtsqualität wird am ehesten in einem Verbund verschiedener Maßnahmen *interner* und *externer* Evaluation mit *informellen* und mit *formalisierten* Verfahren und unter Einbezug aller Beteiligten (Kinder, Lehrpersonen, Schulleitungen, Schulen, Schulaufsicht, Ministerium) erfolgreich sein (vgl. BRÜGELMANN 1999).

Das Problem ist nur: „Outputorientierte Tests scheinen für die Bildungspolitik attraktiver als prozessorientierte Qualitätskontrollen, weil sie vergleichsweise kostengünstig sind, weil sie sich von außen verordnen lassen, weil sie rasch umgesetzt werden können und weil sie sichtbare Ergebnisse produzieren" (BRÜGELMANN 2004, S. 32).

Sicherlich ist die ‚Output'-Orientierung in Deutschland bislang vernachlässigt worden. Aber u. a. aus den genannten Gründen sollte man das Kind nicht mit dem Bade ausschütten und alle Anstrengungen im Rahmen der Qualitätsentwicklung darauf reduzieren. „In allen ernst zu nehmenden Qualitätsmanagementmodellen von Wirtschaft und Dienstleistung zählen ebenso der Input und der Prozess. Das ist internationaler Standard", mahnt etwa ROLFF (2003, S. 1) an. Noch deutlicher formulieren es MÜLLER/STEINBRING/WITTMANN (2002, S. 58): „Die Unterrichtsqualität steigt in dem Maße, in dem Lernen für die Schülerinnen und Schüler zu einer sinnvollen Tätigkeit wird. Dies setzt voraus, dass der Unterricht die in den Fächern liegenden Bildungswerte aufschließt. … Wichtigste Voraussetzung für einen guten Unterricht sind daher gehaltvolle Lehrpläne, in sich schlüssige und anregende Curricula und Schulbücher sowie nicht zuletzt gut ausgebildete und engagierte Lehrerinnen und Lehrer. Zur Qualitätssicherung müssen die Kultusministerien zuallererst hier ansetzen. Lernzielfestlegungen und schriftliche Vergleichstests, wie von der KMK im Mai 2002 beschlossen, sind hierfür kein Ersatz. Bestenfalls sind sie der zweite Schritt, der zudem von erheblich geringerer Bedeutung ist."

In diesem Sinne möchten wir mit dem vorliegenden Buch einen Beitrag zur Qualitätsentwicklung durch Stärkung des Inputs in Zeiten zunehmend dominierender Output-Orientierung leisten.

Literaturverzeichnis

BAMBACH, HEIDE (1994): Ermutigungen, nicht Zensuren. Lengwil:Libelle.

BARTNITZKY, HORST (Hrsg., 1996): Umgang mit Zensuren in allen Fächern Berlin: Cornelsen Scriptor.

BARTNITZKY, HORST (1996a): Ohne Noten geht es besser. In: *Grundschulverband aktuell,* Nr. 56, S. 3 – 7.

BARTNITZKY, HORST (2004): Zeugnisse als Selbstreflexion – mit einem Vorschlag für Schulen. In: BARTNITZKY, HORST/SPECK-HAMDAN, ANGELIKA (Hrsg.) (2004): Leistungen der Kinder wahrnehmen – würdigen – fördern. Frankfurt: Grundschulverband, S. 238 – 248.

BARTNITZKY, HORST/CHRISTIANI, REINHOLD (1994): Zeugnisschreiben in der Grundschule. Heinsberg: Dieck.

BARTNITZKY, HORST/SPECK-HAMDAN, ANGELIKA (Hrsg., 2004): Leistungen der Kinder wahrnehmen – würdigen – fördern. Frankfurt: Grundschulverband.

BARTNITZKY, JENS (2004a): Einsatz eines Lerntagebuchs in der Grundschule zur Förderung der Lern- und Leistungsmotivation. Eine Interventionsstudie. Dortmund: Universität. http://eldorado. uni-dortmund.de:8080/ FB14/lg3/forschung/2004/Bartnitzky; internal&action=buildframes.action.

BEHRING, KARIN/KRETSCHMANN, RUDOLF/DOBRINDT, YVONNE (1999): Prozessdiagnose mathematischer Kompetenzen in den Schuljahren 1 und 2 (3 Bände). Horneburg: Persen.

BENZ, CHRISTIANE (2001): „Bei Geteilt-durch habe ich noch große Probleme. Selbstbeurteilung im Mathematikunterricht. In: *Die Grundschulzeitschrift.* H. 147, S. 44 – 46.

BERGK, MARION (1987): Ein Lehrplan, den die Kinder selbst lesen können. In: Heiko Balhorn/Hans Brügelmann (Hrsg.): Welten der Schrift in der Erfahrung der Kinder. Konstanz: Faude.

BIRKEL, PETER (2005): Beurteilungsübereinstimmung bei Mathematikarbeiten? In: *Journal für Mathematik-Didaktik.* H. 1, S. 28 – 51.

BOS, WILFRIED, u. a. (2004): IGLU. Einige Länder der Bundesrepublik Deutschland im Vergleich. Münster: Waxmann.

BRÜGELMANN, HANS (Hrsg., 1999): Was leisten unsere Schulen? Seelze: Kallmeyer.

BRÜGELMANN, HANS (2004): Kerncurricula, Bildungsstandards und Leistungstests: Zur unvergänglichen Hoffnung auf die Entwicklung der guten Schule durch eine Evaluation ‚von oben'. In: Vierteljahreszeitschrift für wissenschaftliche Pädagogik, H. 4, S. 415–441. (gekürzt in: Bartnitzky, Horst/Speck-Hamdan, Angelika (2004), S. 10–26).

BRÜGELMANN, HANS (2005): Schule verstehen und gestalten. Lengwil: Libelle.

BRUNNER, ILSE/SCHMIDINGER, ELFRIEDE (2000): Gerecht beurteilen. Portfolio: die Alternative für die Grundschulpraxis. Linz: Veritas.

CARNIEL, DOROTHEE/HUHMANN, TOBIAS/ KNAPSTEIN, KORDULA (2002): Mathematische Denk- und Sachrechenprobleme für die Grundschule. Donauwörth: Auer.

EASLEY, SHIRLEY-DALE/MITCHELL, KAY (2004): Arbeiten mit Portfolios. Schüler fordern, fördern und fair beurteilen. Mülheim: Verlag an der Ruhr.

EBELING, ASTRID (2001): Differenzierte Mathematikarbeiten. Eine Alternative zu herkömmlichen Lernkontrollen. In: *Die Grundschulzeitschrift*. H. 147, S. 36–42.

EICHLER, KLAUS-PETER (2004): Geometrische Vorerfahrungen von Schulanfängern. In: *Praxis Grundschule*. H. 2, S. 12–20.

GALLIN, PETER/RUF, URS (1998): Dialogisches Lernen in Sprache und Mathematik (2 Bände). Seelze: Kallmeyer.

GERSTER, HANS-DIETER (1994): Arithmetik im 3. und 4. Schuljahr. In: Abele, Albrecht/Kalmbach, Herbert (Hrsg.): Handbuch zur Grundschulmathematik. 3. und 4. Schuljahr. Stuttgart: Klett, S. 33–81.

GRASSMANN, MARIANNE (1996): Geometrische Fähigkeiten der Schulanfänger. In: *Grundschulunterricht*. H. 5, S. 25–27.

Grundschulverband (2004): Programm – Satzung – Veröffentlichungen. Frankfurt: Grundschulverband (www.grundschulverband.de).

HECKER, ULRICH (2004): Vom Wert der Mühe – gesammelte Lernspuren im Portfolio. In: Bartnitzky, Horst/Speck-Hamdan, Angelika (Hrsg.) (2004): Leistungen der Kinder wahrnehmen – würdigen – fördern. Frankfurt: Grundschulverband, S. 88–99.

HELMKE, ANDREAS (2003): Unterrichtsqualität erfassen – bewerten – verbessern. Seelze: Kallmeyer.

HENGARTNER, ELMAR (1999): Mit Kindern lernen. Standorte und Denkwege im Mathematikunterricht. Zug (CH): Klett und Balmer.

HILF, SABINE/CLAUDIA LACK (2004): Leistungsbewertung als gemeinsamer Prozess von Kindern und LehrerInnen. In: Scherer, Petra/Bönig, Dagmar (Hrsg.): Mathematik für Kinder – Mathematik von Kindern. Frankfurt: Grundschulverband, S. 279 – 293.

HIRT, UELI/MEISTER, SANDRA (2003): Schauen und Bauen. Teil 2 – Spiele mit dem SOMA-Würfel. Seelze: Kallmeyer.

INGENKAMP, KARLHEINZ (Hrsg., 1995): Die Fragwürdigkeit der Zensurengebung. Weinheim: Beltz.

JEHKUL, WINFRIED/BRABECK, HARRY /SCHEFFLER, BEATE (1998): Kommentar für die Schulpraxis zur Verordnung über den Bildungsgang in der Grundschule. Essen.

KASPER, HILDEGARD/LIPOWSKY, FRANK (1997): Das Lerntagebuch als schülerbezogene Evaluationsform in einem aktiv-entdeckenden Grundschulunterricht. In: Schönbeck, Jürgen (HrMathematikdidaktik. Weinheim: Deutscher Studien-Verlag, S. 83 – 103.

KNAPSTEIN, KORDULA/SPIEGEL, HARTMUT (1995): Testaufgaben zur Erhebung arithmetischer Vorkenntnisse zu Beginn des 1. Schuljahres. In: Müller, Gerhard/Wittmann, Erich Ch. (Hrsg.): Mit Kindern rechnen. Frankfurt: Arbeitskreis Grundschule, S. 65 – 73.

KMK (Kultusministerkonferenz; 2004): Bildungsstandards im Fach Mathematik für den Primarbereich. (www.kmk-org.de).

KRAUTHAUSEN, GÜNTER (2002): Blitzrechnen. CD-ROM. Leipzig: Klett.

MAAK, ANGELA (2003): Zusammen über Mathe sprechen. Mülheim: Verlag an der Ruhr.

MAYER, INSA (2002): Differenzierte Mathematikarbeiten mit offenen Aufgaben? – Erprobung eines Ansatzes als Alternative zu herkömmlichen Mathematikarbeiten in einem dritten Schuljahr. Dortmund: Studienseminar.

MOOST, NELE/KUNSTREICH, PIETER (1997): Wenn die Ziege schwimmen lernt. Berlin: Wolfgang Mann. Neuauflage 2004 im Parabel-Verlag.

MSJK (2003): Richtlinien und Lehrpläne für die Grundschule NRW. Frechen: Ritterbach.

MÜLLER, GERHARD N./STEINBRING, HEINZ/WITTMANN, ERICH CH. (2002): Jenseits von PISA: Bildungsreform als Unterrichtsreform. Ein Fünf-Punkte-Programm aus systemischer Sicht. Seelze: Kallmeyer.

NÜHRENBÖRGER, MARCUS (2001): Das Körperbuch. Material in: Peter-Koop, Andrea (Mod.): Größen. *Die Grundschulzeitschrift,* H. 141.

PAULSON, LEON (1994): Portfolio Guidelines in Primary Math. Portland: Multnomah Education Service District, deutsche Adaption von Walter Bauhofer: Portfolios im Mathematikunterricht der Primarschule.

RADATZ, HENDRIK/SCHIPPER, WILHELM/DRÖGE, ROTRAUT/EBELING, ASTRID (1996; 1998; 1999): Handbuch für den Mathematikunterricht. 1. (2., 3.) Schuljahr. Hannover: Schroedel.
RICKMEYER, KNUT (1996): Übungen mit dem SOMA-Würfel. Zur Entwicklung der Raumvorstellung. In: *Praxis Grundschule.* H. 2, S. 4 ff.
RICKMEYER, KNUT (1997): Flächeninhalt und Geobrett. In: *Praxis Grundschule.* H. 2, S. 18 – 23.
ROLFF, HANS-GÜNTER (2003): Bildungsstandards sind attraktiv – und problematisch. www.ggg-nrw.de/Presse/FR.2003-03-12.Rollf.html.

SELTER, CHRISTOPH (1997; Mod.): Eigenproduktionen im Arithmetikunterricht. *Die Grundschulzeitschrift,* H. 110.
SELTER, CHRISTOPH (2004): Mehr als Kenntnisse und Fertigkeiten. Erforschen, entdecken und erklären im Mathematikunterricht der Grundschule. Beschreibung des Moduls 2 für das Projekt Sinus-Transfer Grundschule (www.sinus-grundschule.de).
SELTER, CHRISTOPH/SPIEGEL, HARTMUT (1997): Wie Kinder rechnen. Leipzig: Klett.
SPIEGEL, HARTMUT/WENNING, ANDREA (1991): Lückenhafte Zeitungsmeldungen. Sachmathematik einmal anders. In: Sachunterricht und Mathematik in der Primarstufe. H. 3, S. 114 – 116 u. S. 125 – 129.
SPIEGEL, HARTMUT/SELTER, CHRISTOPH (2003): Kinder & Mathematik. Was Erwachsene wissen sollten. Seelze: Kallmeyer.
SUNDERMANN, BEATE/SELTER, CHRISTOPH (1995): Halbschriftliches Rechnen auf eigenen Wegen. In: Wittmann, Erich Ch./Müller, Gerhard N. (Hrsg.): Mit Kindern rechnen. Frankfurt: Arbeitskreis Grundschule, S. 165 – 178.
SUNDERMANN, BEATE/SELTER, CHRISTOPH (1997): Eigenproduktionen – von Anfang an. In: *Die Grundschulzeitschrift.* H. 110, S. 12 – 15.

SUNDERMANN, BEATE/SELTER, CHRISTOPH (2003): Leistung im Mathematikunterricht. In: Baum, Monika/Wielpütz, Hans (Hrsg.): Mathematik in der Grundschule. Ein Arbeitsbuch. Seelze: Kallmeyer, S. 121–136.

SUNDERMANN, BEATE/SELTER, CHRISTOPH (2003a): Geheimschriften (Materialteil). In: *Die Grundschulzeitschrift.* H. 163, S. 25–40.

SUNDERMANN, BEATE/SELTER, CHRISTOPH (2004): Erfahrungen mit Aufgaben zur Ermittlung arithmetischer Vorkenntnisse von Schulanfängern in der Lehrerbildung: In: Krauthausen, Günter/Scherer, Petra (Hrsg.): Mit Kindern auf dem Weg zur Mathematik, S. 144–152.

SUNDERMANN, BEATE/SELTER, CHRISTOPH (2005): Mit Eigenproduktionen individualisieren. In: Christiani, Reinhold (Hrsg.): Jahrgangsübergreifend unterrichten. Berlin: Cornelsen Scriptor, S. 125–136.

SUNDERMANN, BEATE/SELTER, CHRISTOPH (2005a): Mathematikleistungen feststellen, beurteilen und fördern. Beschreibung des Moduls 9 für das Projekt Sinus-Transfer Grundschule (www.sinus-grundschule.de/).

SUNDERMANN, BEATE/SELTER, CHRISTOPH (2006): Mathematik 3/4. In: Bartnitzky, Horst u.a. (Hrsg.): Pädagogische Leistungskultur: Materialien für die Klassen 3 und 4. Frankfurt: Grundschulverband, Heft 4.

THEILER, PIUS (2001): Ganzheitlich beurteilen und fördern. In: *Die Grundschulzeitschrift.* H. 147, S. 50–51.

VAN DEN HEUVEL-PANHUIZEN, MARJA (1996): Assessment and Realistic Mathematics Education. Utrecht: Freudenthal Institut.

VERBOOM, LILO (2004): Zahlen untersuchen (Materialteil). In: *Die Grundschulzeitschrift.* H. 177, S. 25–40.

WALDOW, NICOLE/WITTMANN, ERICH CH. (2001): Ein Blick auf die geometrischen Vorkenntnisse von Schulanfängern mit dem mathe 2000-Geometrie-Test. In: Weiser, Werner/Wollring, Bernd (Hrsg.): Beiträge zur Didaktik der Mathematik. Hamburg: Dr. Kovac, S. 247–261.

WALTHER, GERD (2004): Umgang mit Aufgaben im Mathematikunterricht. Beschreibung des Moduls 1 für das Projekt Sinus-Transfer Grundschule (www.sinus-grundschule.de).

WIELPÜTZ, HANS (1998): Erst verstehen, dann verstanden werden. In: *Grundschule.* H. 3, S. 9–11.

WITTMANN, ERICH CH. (2003): Was ist Mathematik und welche pädagogische Bedeutung hat das wohlverstandene Fach auch für den Mathematikunterricht in der Grundschule? In: Baum, Monika/Wielpütz, Hans (Hrsg.): Mathematik in der Grundschule. Ein Arbeitsbuch. Seelze: Kallmeyer, S. 18–46.

WITTMANN, ERICH/MÜLLER, GERHARD (1998): Mündliches Rechnen in Kleingruppen – der Förderkurs. Teil 1. Zwanzigerraum; Teil 2. Hunderterraum; Teil 3. Tausenderraum. Leipzig: Klett.

WITTMANN, ERICH/MÜLLER, GERHARD (2002): Mündliches Rechnen in Kleingruppen – der Förderkurs. Teil 4: Größen. Leipzig: Klett.

WITTMANN, ERICH/MÜLLER, GERHARD (2004): Der GI-Eingangstest Arithmetik. In: Das Zahlenbuch 1. Lehrerband. Leipzig: Klett, S. 222–227.

WITTMANN, ERICH/MÜLLER, GERHARD (2004a): Das Zahlenbuch 2. Leipzig: Klett.

WITTMANN, ERICH/MÜLLER, GERHARD (2005): Das Zahlenbuch 4. Arbeitsheft. Leipzig: Klett.

WOLK, SIEGFRIED (1996): Aufgabenangebote. Differenzierte Mathematikarbeiten in der Primarstufe. In: Bambach, Heide et al. (Hrsg.): Prüfen und Beurteilen. Zwischen Fördern und Zensieren. *Friedrich Jahresheft XIV*, S. 72–73.

WUSCHANSKY, EVA-MARIA (1989): Mathematik. In: Bartnitzky, Horst (Hrsg.): Umgang mit Zensuren in allen Fächern. Berlin: Cornelsen Scriptor, S. 66–77.

ZIELINSKI, WERNER (1978): Die Beurteilung von Schülerleistungen. In: Weinert, Franz E., u. a. (Hrsg.): Pädagogische Psychologie II. Frankfurt: Fischer, S. 877–900.

Stichwortverzeichnis